伝えたいのは、
ささやかだけれど
とても大事なこと

はじめに

料理のレシピは、短いほど「作りやすそう」に見えますよね。注意すべきポイントも、少ないほうがハードルが下がると思います。「挑戦してみよう」と思ってもらいたいから、もちろんレシピが簡潔であることは大前提。ただ、よりおいしく作るためのひと手間や、失敗を避けるためのコツ、どうしてこのタイミングでこの作業をするのか？　という説明って、実際はレシピに書ききれないほどたくさんあるものなんです。それらの、いわば〝レシピの行間〟を詳しく書けば書くほど、「レシピが長い」「むずかしそう……」と敬遠されてしまいやすい。ですから、ページ数の限られた料理雑誌などでは割愛されてしまうことが多いんです。

料理研究家として独立して13年、料理雑誌などでレシピを提案してきて、「本当においしく作るなら、こんなことも、あんなことも同時に伝えたい」と、ずっとずっと思ってきました。そんな思いをたっぷり詰め込んだのが、この本です。といっても、身構えないでください！　「定番のから揚げが、こんなひと手間でグンとおいしくなる」とか「おなじみの食材も、いつもと違う使い方をしてみると新しい味に出会える」といった、シンプルなことが多いですから。

ひとつ例を挙げてみましょうか。たとえば、フライパンの「ふた」に注目してみてほしいのです。フライパンのふたって、蒸気穴があいているものと、そうでないものがありますよね。レシピには「ふたをして10分煮る」といった工程がよく出てきます。このとき、穴のあるふたと穴のないふたでは、でき上がりの煮詰まり具合、つまり味わいに違いが出てしまうんです。「ふたをして煮る」ということは、フライパンの中の熱や蒸気を逃がさずに調理したいということ。ですから本当は「穴のあいていないふた（できればガラス製で、中の状態を確認できるものが望ましい）をして、10分煮る」と書きたいのですが、残念ながら削られてしまうことがほとんどです。10ページで紹介する麻婆豆腐なんて、うまみたっぷりの煮汁や香りが逃げてしまったら本当にもったいない！　ぜひフライパンのふたは、穴のないものを使ってほしいんです。

……と、こんなふうに、普段はなかなか伝えられないレシピの行間にある「おいしいのコツ」をお話しさせてください。おなじみの食材の意外な使い方や、もっと広く知られてほしい私の〝推し食材〟、調味料や調理道具についてもご紹介します。「もっと料理上手になりたい！」と思っている方には学び直しやアップデートとして、料理初心者の方には料理の新常識として、この本がどうか届きますように。

井原裕子

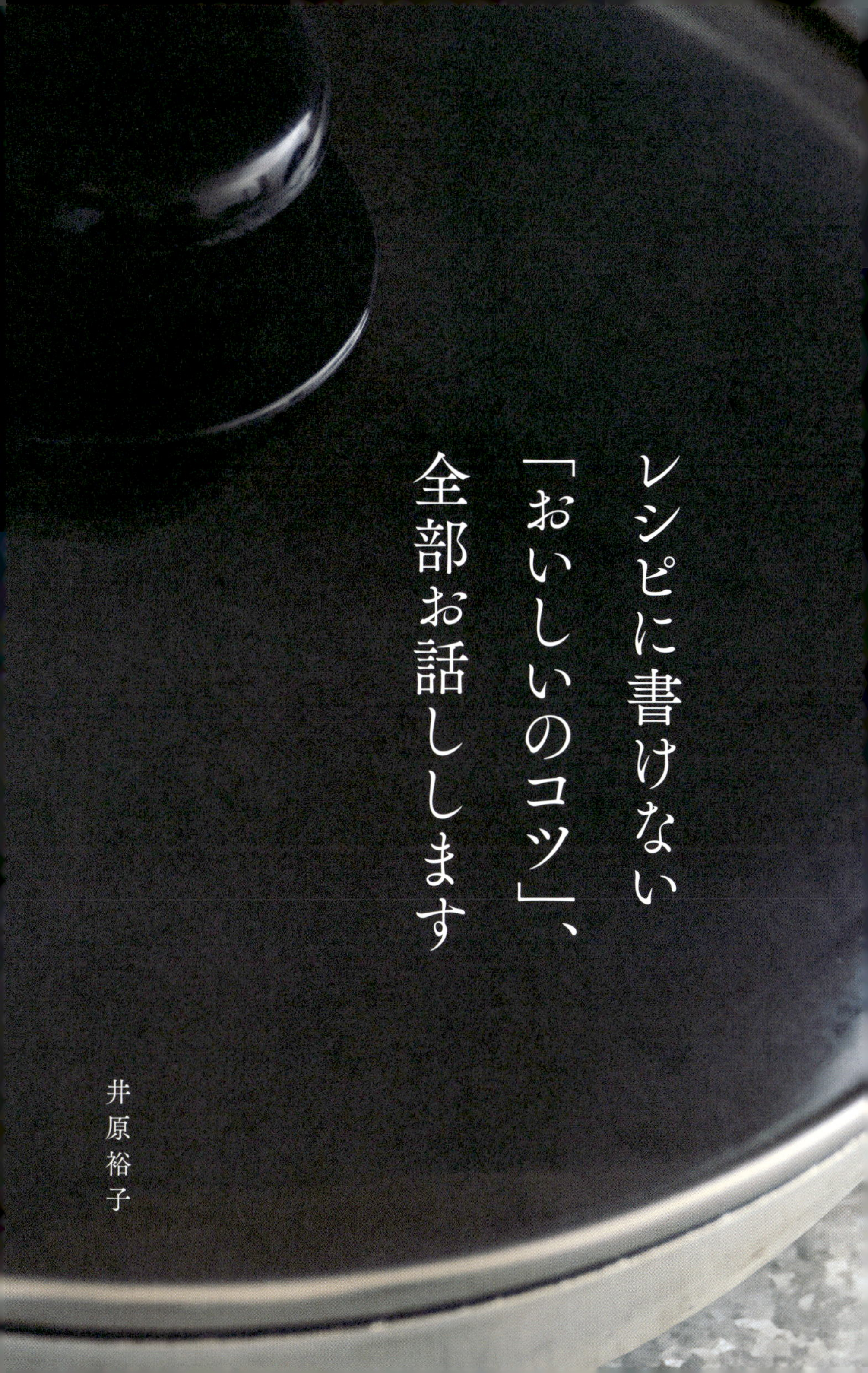

レシピに書けない「おいしいのコツ」、全部お話しします

井原裕子

もくじ

1章 「家庭料理」は、もっとおいしくなる

2章

知ってほしい、雑誌では伝えきれない新しいおいしさ

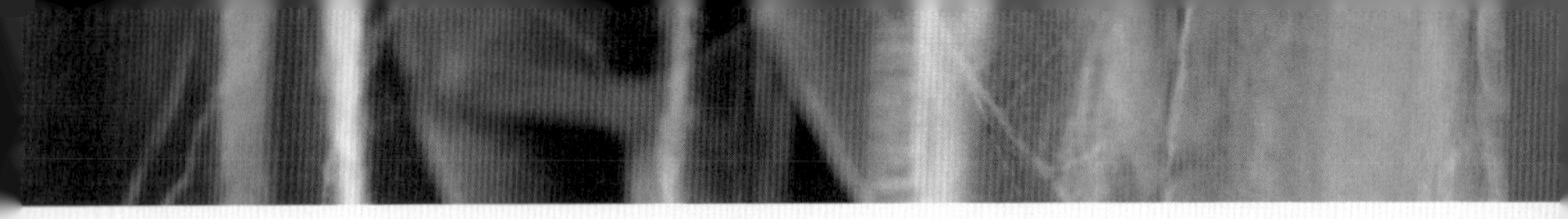

3章　私の「おいしい」を作るもの

（この本の決まりごと）

●大さじ1＝15㎖、小さじ1＝5㎖、1カップ＝200㎖です。
使用した大さじ・小さじについてはp.109でご紹介しています。

●だし汁は、かつお昆布だし（水だし）を使用しました（→p.108参照）。

●電子レンジは600Wのもの、オーブンは電気オーブンを使用しました。

●レシピ中の加熱時間は目安です。本文中でもご紹介していますが、
食材の大きさや厚みなどによっても違いがありますので、
状態や音なども確認しつつ、様子を見ながら加減してください。

1章

「家庭料理」は、もっとおいしくなる

麻婆豆腐には、家庭料理のすべてが詰まっている

料理動画メディア「DELISH KITCHEN」の副編集長を6年ほど務め、その間、フードスタイリストの採用にもたずさわってきました。面接に来てくださった方に必ず書いてもらっていたのが「2人分の麻婆豆腐」のレシピ。材料の分量の感覚を確認するのはもちろん、麻婆豆腐には、「切る」「炒める」「煮る」「とろみをつける」と調理の重要な工程がたくさん入っているからです。各家庭の味があるのも、興味深いですね。

ここでご紹介するのは、日本の家庭料理としての麻婆豆腐。汁けあり、とろみあり、ごはんのおかずです。豆腐は2㎝角くらいのさいの目に。食べやすい大きさでかまいませんが、私は大きめに切るのが好きです。小さく切ると、混ぜるときにくずれやすいですしね。ねぎとしょうがも粗めに刻んで、**香味野菜も〝野菜として〟楽しみます。**[01] お好みでにんにくを加えて

01 麻婆豆腐には野菜があまり入らないので、ねぎは1本分たっぷりと。しっかり炒めるとねぎが甘くなります。

もＯＫです。
調理に使うのは、深さのある26㎝のフッ素樹脂加工のフライパン。底面が広いので、食材を重ならないように入れられ、つまり火にかけたとき食材に均一に火が入るので「煮る」料理に向いています。肉じゃがや筑前煮、里いもや大根の煮ものなどを作るときにも、私はこの26㎝のフライパンをおすすめしています。

まず香味野菜を炒めます。全体に油がなじんでしんなりしたらひき肉を加え、ほぐしながら炒めます。ひき肉の色が変わり、さらにひき肉から脂が出てくるくらいまでしっかり炒めましょう。**音がパチパチしてきたら豆板醤を加えて炒め、**[02] 水と調味料を加えて煮立てます。全体が煮立ったことを必ず確認してからフライパンのふたをし、弱火にして7〜8分煮ます。ここは**「グツグツ」ではなく、「ふつふつ」している状態が理想。**[03] 表面がまったく波立っていないようなら、火を少し強めましょう。このとき「蒸気穴のあいたふた」を使うと、穴から水分がどんどんとんでしまって、せっかくのおいしい煮汁が減ってしまうんです。ああ、なんてもったいない！　だからこそ、「はじめに」でもお話ししたように、フライパンのふたは穴のないものを選んでほしいんです。

02
よく「肉の色が変わったら」とひと言でまとめられてしまうのですが、ときには音や水分の様子もぜひ気にしてみてほしい！　ひき肉から脂が出て、パチパチという音がしてきたら豆板醤を加えます。

03
ふたをして煮ることで対流が生まれ、火の通りや味のしみ込みが均一になります。麻婆豆腐は「1カップの水に、ひき肉と香味野菜のうまみを溶かし、そのおいしいスープに豆腐を加えて、とろみをつけてからめる」料理なんです。

水きりした豆腐を加えたら、ふたをして2分ほど煮て、水溶き片栗粉を加え、とろみをつけます。混ぜながら30秒〜1分ふつふつとさせると、粉っぽさがなくなり、とろみが安定します。慣れないうちは、一度火を止めてから水溶き片栗粉を加え、再び火にかけてもＯＫです。香りづけのごま油をまわし入れてでき上がり。器に盛り、好みで花椒《ホワジャオ》をふると、辛みと香りが食欲を誘います。

麻婆豆腐

〔写真は*p.1*、*12*〕

材料〔2人分〕

木綿豆腐 … 1丁(300g)
豚ひき肉 … 120g
長ねぎ … 1本(80g)
しょうが(薄切り) … 3〜4枚
米油(または好みの油) … 大さじ½
豆板醤 … 小さじ½〜1
A 酒 … 大さじ2
　水 … 1カップ
　しょうゆ・オイスターソース … 各大さじ1
　砂糖 … 小さじ1
片栗粉・水 … 各大さじ1
ごま油 … 小さじ1
花椒パウダー(あれば) … 少々

作り方

1 豆腐は2㎝角くらいのさいの目に切る。長ねぎ、しょうがは粗めのみじん切りにする。小さなボウルに片栗粉と水を入れて混ぜる。

2 豆腐はキッチンペーパーを敷いた耐熱皿にのせ、ラップをかけずに電子レンジ(600W)で2分加熱して水きりする。

3 フライパンに米油、長ねぎ、しょうがを入れて中火で炒める。全体に油がなじんだら(全体にしんなりし、ねぎに透明感が出て、かさが半量くらいになったら)ひき肉を加え、肉の色が変わり、ひき肉から脂が出るくらいまでよく炒める。

4 豆板醤を加えて全体になじむまで炒め、Aを順に加えて火を強め、煮立ったらふたをし、弱火で7〜8分煮る。

5 豆腐を加え混ぜて中火にし、ふたをしてさらに2分ほど煮る。*1*の水溶き片栗粉をもう一度混ぜてまわし入れ、混ぜながらとろみをつける(そのまま30秒〜1分ふつふつとさせて、とろみを安定させる)。

6 香りづけにごま油をまわし入れ、仕上げに花椒をふる。

しょうが焼きは、鶏むね肉がいい！

しょうが焼きは豚肉で作るもの。そう決めつけてしまっては、違うおいしさを見逃してしまいます。子どものころから大好きなしょうが焼き、あるとき豚肉の脂がちょっと重たく感じられるようになって、鶏むね肉で試してみたら、これがさっぱりとしてやわらかく、おいしくて。以来、うちの定番になり、「しょうが焼きは、鶏むね肉がいいのよ！」と人にもおすすめするようになりました。

鶏肉は、キッチンペーパーで一度包んで全体のドリップを拭くと、味が格段によくなります（むね肉に限らず、鶏肉全般で同じことが言えます）。鶏むね肉は、**さわってみるとかたい筋が必ずあるので、ここをキッチンばさみで取り除くのがコツ。**01 細かなことですが、食べたときの口当たりが違います。私は「シルキー万能はさみ」というステンレス製のキッチンばさみを使っています。切れ味がよく、肉はもとより、魚の骨やあらもよく切れて、小さな部位や細かなところも切りやすいんです。

しょうが焼きや照り焼きなどの甘辛い味つけは、たれの味が濃いので肉の下味はいりません。片栗粉をまぶして焼くのは、むね肉をやわらかく仕

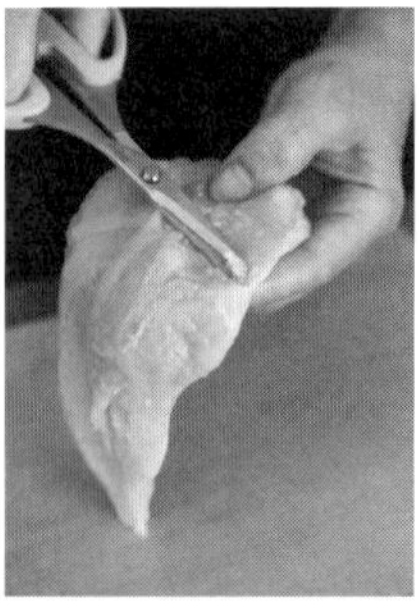

01
鶏むね肉の端にあるかたい筋を取り除きます。キッチンばさみってゴツいものが多いですが、「シルキー万能はさみ」は細身で小まわりがきくので、作業しやすいんです。

上げるためと、たれのからみをよくするため。そして「しょうが焼き」というぐらいですから、しょうがの風味が肝心！　手間ですが、生のしょうがをたっぷりすりおろして作りたいところです。生のしょうがを使うと、その繊維がたれによくからんで、味わいも風味もよくなります。生とチューブでは同じようでまったく別物。大根でいえば、生と切り干し大根ぐらい違うと思っています。

つけ合わせの話も少し。せん切りキャベツやベビーリーフなどでもいいのですが、今回はれんこんの甘酢漬けと塩もみきゅうりを添えてみました。このふたつ、こってり味のつけ合わせにとてもいいんです。

れんこんはスライサーで1.5㎜の薄切りにし、水にさらしてからさっとゆで、水で薄めたすし酢に漬ければもう完成。みずみずしい新れんこんが楽しめる初夏から10月の初めくらいまで、よく作る一品です。きゅうりは、薄切りにしたら軽く塩をふってあえるだけ。塩をすることで、きゅうり独特の青くささがなくなり、食べやすくなります。レシピが長くなってしまうので、雑誌ではなかなかご紹介できないのですが、どちらもシャキシャキとした食感がよく、箸休めとしても優秀。ぜひ試してみてください。

鶏むね肉のしょうが焼き

〔写真は*p.22*〕

材料〔2人分〕

鶏むね肉…1枚(300g)
片栗粉…大さじ½
おろししょうが…大さじ1
A みりん…大さじ2
　しょうゆ…大さじ1と½
　砂糖…小さじ1
米油…大さじ1

作り方

1 鶏肉はキッチンペーパーで水けを拭く。1㎝幅のそぎ切りにして片栗粉を両面にまぶし、余分な粉ははたいて落とす。

2 Aは混ぜ合わせる。

3 フライパンに米油を中火で熱し、*1*を並べて2分ほど焼く。裏返してさらに2分ほど焼き(むね肉は脂がないのでこんがりとはいかず、白っぽいままですが、火は通っています)、*2*とおろししょうがを加え、汁けをからめながら軽く(⅓量ほど)煮詰める。

チキンソテー

〔写真は*p.25*〕

材料〔1人分〕

鶏もも肉…1枚(150g)
塩…小さじ⅓
こしょう・小麦粉…各少々
オリーブ油(または米油)
　…小さじ1

作り方

1 鶏肉はキッチンペーパーで水けを拭く。皮目を下にして横長におき、厚いところに縦に浅く切り目を入れる。両面に塩、こしょうをふり、皮目に小麦粉をはたく(こうすると皮が失敗なくパリッとする)。

2 フライパンにオリーブ油をひいて*1*を皮目を下にして入れ、中火にかける。重しをのせて押さえつけながら5〜6分焼く。途中、出てきた脂はキッチンペーパーで拭き取る。

＊かぼちゃやまいたけなど、つけ合わせは鶏から脂が出てきたら加えて、脂を吸わせながら一緒に焼くとおいしい。

3 皮目がこんがりしたことを確認してから裏返し、さらに3〜4分焼く。

チキンソテーは、厚いところと薄いところを両方楽しむ

皮目がパリッと焼けたチキンソテー、人気メニューのひとつですね。鶏もも肉は形状的に厚いところと薄いところがあり、「厚みを均一に開く」というレシピも見かけますが、私はあえて均一にせず、その食感の違いを楽しむのもおいしさのひとつと思っています。ただし、しっかり火を通すため、**厚いところには浅く切り込みを入れる**[01]のがコツ。

下味の塩、こしょうをふったら、皮目に小麦粉を薄くはたいて、すぐ焼き始めてください。おいてしまうと鶏肉から水分が出て、ジューシーに仕上がりません。皮目を下にして、皮全面がフライパンに密着するように押しつけて焼きます。**フライパンよりひとまわり小さな鍋のふたなどをのせて、重しにするといい**[02]でしょう。次第に鶏から脂が出てきます。野菜やきのこを脇で焼くと、同時につけ合わせもできますよ。鶏の脂で焼くとコクが加わっておいしいので、玉ねぎやキャベツなどでぜひ試してみてください。今回は、かぼちゃとまいたけで。うん、いい相性！　塩、こしょうだけでも十分おいしいですが、42ページで紹介している塩とオイルをまぶしたミニトマトをソース的にのせて食べるのもおすすめです。

01
鶏肉は、厚いところに何本か包丁で浅く切り目を入れ、火の通りをよくします。

02
皮目全体がフライパンに密着するように、鍋のふたなどで押さえつけるようにして焼いていきます。

ハンバーグの玉ねぎは、手軽にレンジで

ハンバーグがお好きな方、多いんじゃないでしょうか。私も大好き。「食べるのは好きだけど、手間を考えると作らない」という方が案外多いので、少しでもハードルを下げられないかと考えて思いついたのが、「玉ねぎは炒めずともよい」ということ。刻んで電子レンジにかけるだけで水分や辛みはとび、甘さも出ます。炒める手間がなくなるだけでも、ちょっと気持ちがラクになりませんか?

電子レンジにかけるとき、ラップは不要です。ラップをすると水分がとびませんからね。ハンバーグを作るときは、まず玉ねぎをみじん切りにしてレンジにかけるところから始めます。粗熱を取っている間にパン粉と牛乳を合わせて、湿らせておくといいですよ。この「玉ねぎをちょっとレンジにかける」方法は、オニオンスライスの辛みをとばしたいときにも使えます。水にさらす方法もあるけれど、栄養やうまみも流れてしまうでしょ。それに、ほんのり温まっていると、味が入りやすいというメリットもあるんです。

さて、ハンバーグを焼いたら、残った肉汁に赤ワイン、ケチャップなど

をプラスしてソースを作るのですが、ここで**欠かせないのが、コーミソースの「デラックスこいくちソース」です。**[01] 私は愛知県出身なのですが、コーミソースは中京エリアでとても愛されているウスターソースです。小さなころから親しんだ味というのもありますが、ウスターの中でも味わいや香りがよく、甘みとうまみがしっかり。私の推しアイテムのひとつです。最近は全国でも手に入りやすくなっていますので、スーパーのソース売り場で探してみてください。

バターは最後に加えます。最初から入れて煮詰めてしまうと、バターのよい香りがとんでしまいます。ハンバーグに限らず、レシピに「バターは最後に加える」と書いてあるとき、「まあ、いいか」なんて先に入れてしまうと、おいしさをかなり逃してしまいますよ。

つけ合わせには今回、いんげんとトマトのソテーを添えました。トマトは焼くとうまみが凝縮され、酸味がとんで生よりも食べやすくなり、量を食べられるのもいいところ。**イギリスやアイルランドの朝食にも、焼きトマトは欠かせない一品で、**[02] 目玉焼きやソーセージ、ベイクドビーンズなどと一緒に供されます。旅をしたときに食べて、すっかりそのおいしさに魅了されました。

01
コーミソース愛！　ハンバーグのソースにはもちろん、ささみフライ（→p.96）などにも欠かせません。うまみが強く、お肉にも負けないんですよ。

02
焼きトマトはつけ合わせにはもちろん、目玉焼きと合わせれば朝食にぴったり。こんがり焼きつけましょう。

ハンバーグ

〔写真はp.21〕

材料〔2人分〕

合いびき肉 … 200g
玉ねぎ … ½個(100g)
パン粉 … 大さじ4
牛乳 … 大さじ3
塩 … 小さじ¼
こしょう・ナツメグ … 各少々
米油 … 大さじ½
A 赤ワインまたは水 … ¼カップ
　トマトケチャップ … 大さじ2
　コーミソース(ウスターソース) … 大さじ2
バター … 10g

作り方

1 玉ねぎはみじん切りにして耐熱ボウルに入れ、ラップをかけずに電子レンジで1分加熱し、そのままおいて冷ます。
2 ボウルにパン粉、牛乳を入れて湿らせる。
3 2に冷たいままのひき肉、塩、こしょう、ナツメグ、1を加えてよく混ぜ、2等分にして空気を抜きながら小判形に形作る。
4 フライパンに米油を中火で熱し、3を並べて3分ほど焼く。こんがりと焼き色がついたら裏返し、ふたをして弱火で8〜9分焼き、器に盛る。
5 4のフライパンにAを入れて中火にかけ、煮立ったら耐熱のゴムべらで混ぜながら少しとろみがつくまで加熱し、火を止める。バターを加えて混ぜ、ハンバーグにかける。

焼きトマトといんげん(つけ合わせ)

〔写真はp.21〕

材料〔2人分〕

トマト … 1個
さやいんげん … 10本(60g)
オリーブ油 … 大さじ½
塩 … 少々

作り方

1 トマト1個は4等分の輪切りにし、いんげんはへたを切り落とす。
2 フライパンにオリーブ油を中火で熱し、1を入れて焼く。こんがりしたら塩をふり、ハンバーグに添える。

ハンバーグの玉ねぎは、
手軽にレンジで

ハンバーグ
焼きトマトといんげん添え
〔→*p.*18〕

鶏むね肉のしょうが焼き れんこんの甘酢漬けと塩もみきゅうり添え

〔→p.14〕

あえものには、
うまみがあり
汁けを吸って
くれるものを加える

ア.

イ.

ウ.

ア. ほうれん草と
切り干し大根のあえもの
〔→p.36〕

イ. きのことたたききゅうり、
炒り卵のごま酢あえ
〔→p.36〕

ウ. 白身魚とセロリ、わかめのマリネ
〔→p.36〕

厚揚げもキャベツも、
切るより、ちぎるが正解

ちぎった厚揚げとキャベツのみそ炒め

〔→p.60〕

から揚げは、粉の二度づけと
まるめて揚げるひと手間でカリッとジューシー

鶏のから揚げ
〔→p.34〕

チキンソテーは、
厚いところと薄いところを
両方楽しむ

チキンソテー
〔→p.17〕

きゅうりの厚さは3㎜がベスト。塩をふったら7〜8分おき、出てきた水けをしっかり、ていねいに拭き取ります。スプレッドを塗った食パンに1列ずつ並べて、サンドすれば完成です。

具ひとつで最高においしい。
シンプルなきゅうりのサンドイッチ

きゅうりのサンドイッチ
〔→p.31〕

ポテサラの極意は、
余計な水分をとばすこと

ポテトサラダ
〔→p.29〕

ポテサラの極意は、余計な水分をとばすこと

ポテトサラダをおいしく作るコツは、とにかく「余計な水分をとばして、入れない」こと。じゃがいもは皮をむいてひと口大に切り、水に一度さらしてからゆでていきます。私はサラッとした食感のポテサラが好きなので、粘りけを出さないために皮をむいてからゆでていますが、ねっとりした感じがお好きなら皮つきでゆでてください。竹串がスッと入るくらいになったらざるにあげ、水けをきって鍋に戻し、中火にかけて混ぜながら**粉が吹くくらいまで水分をとばして、ホクホクに仕上げます。**01

じゃがいもが熱いうちに、酢と塩を加えましょう。これがポテサラの下味となるわけです。ここが結構重要。水っぽいと味が入らないので粉吹きはマストですし、下味がしっかり決まっていないと、全体的な味わいがぼんやりとしてしまいます。具になるきゅうりや玉ねぎも、塩をして水けをしっかり絞ってから加えます。ひと手間ですが、とにかく「余計な水分は入れない」を肝に銘じてくださいね。

全体が冷めてからマヨネーズを加えます。02 私は、夏ならヨーグルトも加えてさっぱり仕上げに、冬は生クリームを足してこっくりリッチな味わい

01
じゃがいもは鍋に戻したら混ぜながら加熱し、水分をとばして粉吹きいもにします。

02
先に下味をつけてあるので、マヨネーズを加えたとき味がなじみやすくなります。

にするのが好きです。具には、今回はハムを使っていますが、ツナで作ってもおいしいですよ。作りたてもいいですが、翌日は味がなじんでさらにおいしい！ サンドイッチにすると最高です。

ポテトサラダ

〔写真は*p.28*〕

材料〔2人分〕

じゃがいも（男爵）… 6個（600〜650g）
きゅうり … 1本（100g）
玉ねぎ … ½個（100g）
卵 … 3〜4個
ロースハム … 3枚
A 酢 … 大さじ2
　塩 … 小さじ½
マヨネーズ … 50g
プレーンヨーグルト（または生クリーム）… 大さじ2
塩・こしょう … 各適量

作り方

1 じゃがいもは皮をむいてひと口大に切り、水にさっとさらして水けをきる。
2 *1*を鍋に入れてひたひたの水を注ぎ、強めの中火にかける。煮立ったら火を弱め、ふたをして10分ほどゆでる（竹串をさしてみて、スッと通るくらいまで）。
3 ざるにあげて水けをきり、鍋に戻して中火にかける。焦がさないように木べらで混ぜながら水分をとばして粉吹きにし、ここで好みのつぶし加減にする。Aを加えて混ぜ、冷ます。
4 きゅうりはスライサーで薄切りにする。玉ねぎは芯を除いて縦に薄切りにする。ボウルに合わせ、塩小さじ⅓をふって混ぜ、10分ほどおき、水で洗って水けを絞る。
5 別の鍋に卵とかぶるくらいの水を入れて中火にかけ、沸騰してから7分ゆでる。水にとり、冷めたら殻をむく。
6 ハムは1.5㎝角に切る。
7 *3*にマヨネーズ、ヨーグルト、こしょうを加えて混ぜる。*5*を食べやすく切り、*4*、*6*とともに加えて混ぜる。味をみて、薄いようなら塩ひとつまみ程度を加えて混ぜる。

具ひとつで最高においしい。シンプルなきゅうりのサンドイッチ

具はひとつだけでも、おいしいサンドイッチは作れます。究極にシンプルかつ最高においしい、きゅうりだけのサンドイッチを作ってみませんか。私の大好物でもあり、自信作でもあります。

まずバターは、冷蔵庫から出してやわらかくしておきましょう。その間に、きゅうりをスライス。スライサーで3㎜厚さに切っていきます。これが薄すぎず、歯ごたえも楽しめる絶妙な厚さです。バットにキッチンペーパーを敷いて、スライスしたきゅうりを並べて全体に塩をふります。7〜8分おいたら新しいキッチンペーパーをかぶせて、出てきた水けを拭き取ります。この拭き取りをおろそかにするとおいしく仕上がらないので、ていねいに。ふり塩は、余計な水分を除くのと同時に、下味にもなります。味見してみて、ちょっと塩けが強いかな、くらいでちょうどいいです。

スプレッドは、バター、マヨネーズ、マスタード、塩を合わせたもの。このマスタードは、イギリスが世界に誇る「コールマン マスタード」をぜひ使ってみてください。これがおいしさの決め手。日本でも入手できます。

食パンに塗って、スライスしたきゅうりを1列ずつ並べ、パンを合わせたときにきゅうりが2層になるようにします。ここできゅうりをたくさんはさんでしまうと、食べたときにきゅうりがすべってしまい、食感が悪くなるので注意。**きゅうりが余っても、パン1枚に1列にしてくださいね。**01

本当にシンプルなレシピなので、アレンジや風味づけはいくらでもできます。ディルなどのハーブを加えたり、アンチョビーをちょっと忍ばせたり……。でもやっぱり、なにも加えないシンプルな味わいがベストだと思っています。

私はこのサンドイッチを小さめにカットして、持ち寄りやホームパーティのときによく作るんです。ちょっとお腹がすいたときにも、おつまみにもいい。塩をふった後、しっかり水けを拭き取っていれば、時間がたってもパンがふやけることはありません。マヨネーズや食パンは、ごく普通にスーパーで買えるもので十分おいしく作れます。私は、マヨネーズは酸味がしっかりしたキユーピーのもの、食パンはヤマザキのロイヤルブレッドがお気に入り。パンの耳は切り落としてしまいますが、耳もおいしいので、残さず食べてくださいね。ホームパーティのとき、お出ししておくといつの間にか耳もなくなっているんですよ(笑)。

01
少ないように思えるかもしれませんが、食パン1枚にきゅうり1列ずつが私が思うベストバランス。本当にシンプルなレシピなので、このバランスはぜひ守って作ってみてほしい！　余ったきゅうりはサラダなどに使ってくださいね。

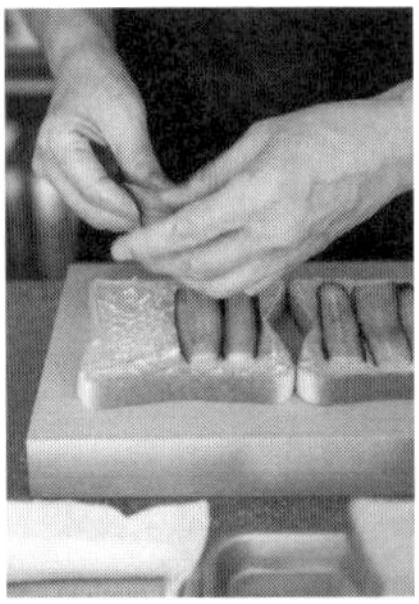

きゅうりのサンドイッチ

〔写真は*p.26～27*〕

材料〔4組分〕

きゅうり … 3本
塩 … 小さじ⅓程度
食パン(8枚切り) … 8枚

【スプレッド】

バター(室温において
やわらかくする) … 50g
マスタード(コールマン
マスタード) … 20g
マヨネーズ … 20g
塩 … ひとつまみ

作り方

1 きゅうりは両端を少し切り落として長さを2等分に切り、スライサーで3㎜厚さの薄切りにする。バットにキッチンペーパーを敷いてきゅうりを広げ、全体に塩をふって7～8分おく。新しいキッチンペーパーをかぶせ、出てきた水けをおさえる。

2 ボウルにスプレッドの材料を混ぜ合わせる。

3 食パンを2枚1組にして内側になる面にそれぞれ*2*を塗り、*1*の水けをさらによく拭き取りながら、*2*を塗った面に1列ずつ並べる。パンを合わせてサンドする。残りも同様にサンドする。

4 食パンの耳を切り落とし、4等分(食べやすい大きさ)に切る。

から揚げは、粉の二度づけと まるめて揚げるひと手間でカリッとジューシー

鶏のから揚げは、本当にいろんなレシピがありますよね。私のから揚げは酒、しょうゆ、しょうが、にんにくで下味をつけ、小麦粉をまぶして揚げるオーソドックスなもの。「おいしいのコツ」も、ごくシンプルです。

まずひとつは、粉のつけ方。鶏肉をボウルに入れ、下味の調味料をもみ込んで10分ほどおくのですが、ここに一度、小麦粉を入れて全体を混ぜます。こうすることで鶏肉全体に粉がまわり、鶏肉の水分と下味を閉じ込めるんです。さらに小麦粉を広げたバットにとって、粉をもう一度まぶします。小麦粉と片栗粉を混ぜるレシピもありますが、この二度づけなら小麦粉だけで十分カリッと揚がりますよ。ちなみに、鶏肉は３００ｇくらいで8等分、少し大きいかな？　くらいが揚げるとちょうどいいんです。

もうひとつのコツは、熱した油へ入れる直前に**「軽くにぎって、まるめてから入れる」**[01]ということです。こうすることで肉と肉の間にちょっとしたすき間、いわば層ができて、ジューシーでやわらかい揚げ上がりになるというわけ。「それだけ？」と思われるかもしれませんが、仕上がりが全然

01 鶏肉をまるめるときは、皮が外側になるようにしてください。こうすると揚げ上がりがカリッとなります。

違いますよ。油に入れたら、2分はさわらずにおきましょう。[02] 表面がかたまったら、はじめて上下を返します。ここからはさわっても大丈夫。3分ほど揚げ、最後に火を強めて1〜2分、表面をカリッとさせたらでき上がりです。揚げ時間の目安は合計6〜7分。鶏肉600gなら、直径26㎝のフライパンで一度に揚げられますよ。

02
油に入れたら2分はさわらずそのまま揚げます。ここでいじると、せっかく整えた形がくずれたり、衣がはがれたりする原因に。

鶏のから揚げ

〔写真は*p.25*〕

材料〔3〜4人分〕

鶏もも肉 … 2枚(600g)

A 酒・しょうゆ … 各大さじ2
しょうが・にんにく(各すりおろし) … 各小さじ1くらい

小麦粉 … 50g+適量

揚げ油 … 適量

作り方

1. 鶏肉はキッチンペーパーで水けを拭く。1枚300g程度ならそれぞれ縦半分に切ってから、横4等分に切る(8等分)。
2. *1*をボウルに入れて**A**を加え、汁けがほぼ見えなくなるまでもみ込み、10分ほどおく。
3. *2*のボウルに小麦粉50gを入れ、菜箸などで全体に混ぜる(手で混ぜると衣が全部手にくっつくので注意)。
4. バットに小麦粉適量を広げて*3*の鶏肉を入れ、小麦粉をもう一度まぶす。
5. 直径26㎝程度のフライパンに2㎝高さほど油を注ぎ、中温(170℃)に熱する。*4*を手でまるめてすべて入れ、2分はさわらずにそのまま揚げる。表面がかたまったら上下を返しながら3分ほど揚げ、中まで火を通す。最後に強めの中火にして1〜2分揚げ、表面をカリッとさせて網にあげる。

あえものには、うまみがあり汁けを吸ってくれるものを加える

ごまあえやナムルなど、日々のおかずに欠かせないあえもの。おいしく作るコツのひとつは、「汁けを吸ってくれるものを入れる」ことです。今回ご紹介するレシピでいえば、炒り卵、すりごま、カットわかめ、切り干し大根。それぞれが調味料や野菜の水分を吸うことで、水っぽい仕上がりになるのを防ぎつつ、うまみやコクも生み出します。

ふたつめのコツは「食感の異なるものを組み合わせる」こと。生ものと火の通ったもの、あるいはやわらかいものと食感のしっかりしたもの。「きのことたたききゅうり、炒り卵のごま酢あえ」は、やわらかいしめじと、ポリポリとしたたたききゅうりの食感の違いが楽しい一品です。炒り卵のやさしい味わいが全体をまとめてくれますよ。きゅうりを生で使うときは、手に塩を適量とり、きゅうりにまぶすようにして、こすってから水洗いすると青くささがほどよくとれ、同時にいぼいぼも落ちて食感がよくなります(切ってから塩をする料理の場合は、この手間は不要です)。ちょっとしたコツですが、やるとやらないとでは差が出ますよ。また甘みづけにはオ

リゴ糖を使いました。砂糖のように混ぜて溶かす手間がなく、全体になじみやすいので、あえものを作るときにおすすめです。

「白身魚とセロリ、わかめのマリネ」は、カットわかめを最初からあえず、**乾燥したまま器に敷いて、白身魚とセロリのあえものをのせました。**01 だんだんと汁けを吸ったわかめがもどり、食べているうちにちょっとした〝味変〟が楽しめます。少し歯ごたえが残っているうちに食べるのも意外においしいんですよ。ドレッシングは、オリーブ油とレモン汁、塩、こしょうがあればだいたい解決！　使いきれる量のドレッシングを自分で作れると、手軽でいいものです。今回はクミンシードを風味づけに使いました。クミンシードは、インドや中近東の料理が好きな人にはおすすめのスパイス。いつものドレッシングや野菜炒め、あるいは煮ものなどにちょっと加えるだけで、一気に雰囲気が変わります。

「ほうれん草と切り干し大根のあえもの」は、**しょうゆとだし汁、そして油も使ってあえています。**02 油を加えるとコクが出るし、青菜の青くささも消え、水分が出にくくもなるのもいいところ。ごま油で和風もいいし、オリーブ油としょうゆの組み合わせもおいしい。だし汁がない、あるいはとるのが手間なら、削り節少々を加えればＯＫです。うまみになるのはもち

01
乾燥カットわかめを敷いた器に、白身魚とセロリのマリネをのせます。食べ進めるうち、わかめが徐々に水分を吸ってやわらかくもどり、また違った風味もプラス。途中の、ちょっとかためのときもおいしいんですよ。

02
青菜のあえものには少量の油を加えると食べやすくなります。

ろん、水分を吸ってくれる存在にもなってくれます。みそ汁を作るとき、だし汁がなければ削り節を加えて作ってもおいしくできますよ。

ほうれん草といえば、青菜はゆで方ひとつでも、味わいが変わってきます。やってほしいこと、やらなくてよいことをまとめておきましょう。

まず、根元に十字の切り目を入れてふり洗いをし、5分ほど水につけます。茎の間の土がしっかり落ち、ハリがよくなります。ゆで湯に塩は入れなくてかまいません。後で合わせる調味料の塩けで十分。青菜は、たっぷりの熱湯を沸かしたら一度にまとめてゆでずに、少量ずつ（1袋なら⅓量くらいずつ）入れてゆでるのがコツです。そのほうが、ムラなく、均一に火が通ります。

また、**青菜はゆでた後、水にさらす必要はありません**。[03] 水にさらすことで急冷して色止めをする、余分な熱を入れないようにする、と言われますが、ざるにあげて冷ますほうが（水にさらさず、ざるにあげて水けをきることを「おかあげ」といいます）、青菜の持つ風味が逃げません。ただし、ざるにあげておく間にも熱は入っていくので、ゆで時間をいつもより気持ち短めにすること。くたっとしたら引きあげます。

水けは、ギュッと握って絞りましょう。でもむやみに力を入れて絞りす

03
ゆでた青菜はざるにあげて冷まします。水にはさらさなくて大丈夫。

ぎないで。青菜の味が流れてしまいます。そして調味料とあえるときの力はやさしく。強い力であえると野菜の繊維がこわれて、食感が悪くなり、えぐみが出る原因にもなります。こういう力加減のことも、普段はなかなかレシピに書けないのですが、覚えておいてほしいことのひとつです。

きのことたたききゅうり、炒り卵のごま酢あえ

〔写真は*p.23*〕

材料〔2人分〕

しめじ … 1パック(100g)
きゅうり … 1本(100g)
卵 … 2個
米油 … 小さじ1

A
白すりごま … 大さじ2
酢 … 大さじ½〜1
しょうゆ … 大さじ1
オリゴ糖 … 小さじ1

作り方

1 ボウルに**A**を入れて混ぜる。
2 しめじは石づきを切り落としてほぐす。熱湯で30秒〜1分ゆでて(または耐熱ボウルに入れて水大さじ1を加え、ラップをかけて電子レンジで1分加熱して)火を通し、ざるにあげて水けをきり、熱いうちに*1*のボウルに加えて混ぜ、冷ます。
3 手に塩適量(分量外)をとってきゅうりにまぶすようにしてこすり、水で洗って水けを拭く。両端を少し切り落とし、めん棒などでたたいて食べやすい大きさに割る。種が大きい場合は取り除く。
4 別のボウルに卵を割りほぐす。フライパンに米油を中火で熱し、全体に広げる。卵液を流し入れて菜箸で大きくかき混ぜながら加熱し、卵がかたまってポロポロとしてきたら取り出して冷ます。
5 *2*のボウルに*3*、*4*を加えて混ぜる。

ほうれん草と切り干し大根のあえもの

〔写真はp.23〕

材料〔2人分〕

ほうれん草 … 1束(200g)
切り干し大根 … 20g
A だし汁(または水) … 大さじ1
　しょうゆ … 小さじ2
オリーブ油(またはごま油)
　… 小さじ2

作り方

1 切り干し大根は水の中でもみ洗いして水けを絞り、新しい水に入れ替えて15分ほどひたし、やわらかくもどす。水けを絞り、食べやすい長さに切る。
2 ほうれん草は根元に十字に切り目を入れ、水の中でふり洗いし、5分ほど水につける。フライパンにたっぷりの湯を沸かし、ほうれん草を⅓量ずつ根元から入れてさっとゆで、ざるにとって冷ます(おかあげ)。水けを絞り、3～4cm長さに切る。
3 ボウルにAを入れて混ぜ(だし汁がない場合は削り節をひとつまみ加える)、*1*を加えてひたし、*2*を加えて混ぜる。仕上げにオリーブ油(またはごま油)を加え、全体を混ぜる。

白身魚とセロリ、わかめのマリネ

〔写真はp.23〕

材料〔2人分〕

白身魚の刺身(鯛など) … 80g
セロリ … 80g
紫玉ねぎ … ¼個(50g)
カットわかめ(乾燥) … 小さじ1
A オリーブ油 … 大さじ2
　レモン汁 … 大さじ1
　塩 … 小さじ⅓
　こしょう … 少々
　クミンシード … 小さじ½

作り方

1 セロリは筋を除いて斜め薄切りにする。紫玉ねぎは縦に薄切りにする。
2 刺身は食べやすい大きさに切る。
3 ボウルにAを入れて混ぜ、*2*を加えて混ぜる。*1*を加えてざっくり混ぜる。
4 器にわかめをもどさずに敷き、*3*をのせる。

作りおきより「半つく」が、今の私にちょうどいい

おかずをあれこれ作りおきするより、野菜を刻んで塩をしておく、ゆでたり蒸したりしておく、あるいは塩とオイルであえておく……といったような「半調理保存」が今の私にはちょうどよく、とても助けられています。全部作らず、半分くらい作っておく。いわば「半つく」です。わが家も子どもが小さいころはおかずの作りおきをしていましたが、今は子どもも独立してひとり暮らし。そのときの気分で作りたいものを作るのが楽しいし、下処理してあるとすぐに調理に取りかかれて、時間をかけずにできたてを味わえるのもうれしくて。

下処理といっても、ごく簡単なことばかり。ミニトマトは半分に切って塩とオリーブ油をまぶす、ごぼうは斜め薄切りにし、塩と太白ごま油を加えた湯でゆでておく。大根やキャベツは食べやすく切り、きゅうりは薄切

りにして塩をするだけ。どれもシンプルですが、塩をしておくとほんのり下味がついて雑味が抜ける、油でコーティングされると乾燥せずおいしく保存できる、加熱しておくことで使うときに火通りが早くなり、結果、時短につながる……なんてメリットがあります。

野菜に塩をするときは、重量の1％を目安にしてください。調理時に塩けを足すので、ここではうっすらと。そして、塩はふるだけで、もまないで！　キャベツでも白菜でも、もむと繊維がつぶれて水分が出すぎて、漬けものになってしまいます。「半つく」の塩はふるだけ、が原則です。

ブロッコリーの「半つく」もご紹介しておきましょう。フライパンに小房に分けたブロッコリー1株分と水3/4カップ、良質な植物油（米油、太白ごま油などお好みで）大さじ1、塩小さじ1を入れ、**ふたをして強めの中火にかけ、煮立ったら1〜2分蒸せば完成**[01]です。ブロッコリーをゆでるのに、たっぷりの湯は必要なし！　この方法ならコリッとほどよく歯ごたえも残り、そのまますぐサラダやあえものに加えられます。ゆでるより断然早く、手軽ですよ。こういうノウハウと、応用できる料理のことは『作りきらないつくりおき』（成美堂出版）という著書にまとめたので、ご興味のある方はそちらも読んでみてくださいね。

01
ブロッコリーは、ゆでるより蒸しゆでがラクだし、なにより食感がいい。大量の湯を沸かさなくていいというだけでも、料理のハードルが下がりますよね。

すべての料理が「うまみたっぷり」じゃなくていい

日々の献立は、バランスだと思っています。というのも、単品のレシピだと「しっかり味」「ひと口食べておいしい」が優先されがちですが、私たちが毎日食べるのは主菜と副菜、汁もの、ごはんが揃った献立。主菜がしっかり味であれば副菜は薄味に、主菜がこってりとした揚げものや炒めものであれば、副菜はあっさりしたあえものにしたほうが、バランスよくまとまります。そのほうが健康的でもありますね。

副菜作りには「半つく」(↓p.42)がやっぱり便利。蒸しゆでにしたごぼうは、よく白あえやごま酢あえにします。やわらかいから食べやすく、味もからみやすいのがいいところ。塩とオリーブ油をまぶしておいたミニトマトは、豆腐にのせてもいいし、焼き野菜や肉料理にからめても。塩をしたきゅうりは、手軽なところだといわしのしょうゆ煮缶とあえてスピードおかず、なんていうのもおいしいの。塩をしておいたキャベツは、ほどよく水分も抜けて、あえものにも炒めものにもグンと使いやすくなります。

いろいろなおかずをごはんにのっけて食べるのも、私の最近のお気に入りです。最後はビビンパみたいに全部混ぜてもおいしいですよ。

45　42ページでご紹介した「半調理保存＝半つく」の例。うっすら塩味をつけたり、さっと加熱しておくことで、さまざまな料理に気軽に応用しやすくなります。

じっくり加熱して
くたくたにしたり、
煮くずれさせたりする
おいしさもある

いんげんとミニトマトのくたくた煮

〔→p.53〕

ルウを使わない豆カレー

〔 →p.53 〕

「ほぐす」と「ほぐさない」、ひき肉の2通りのおいしさ

ひき肉とかぶの炒めもの

〔→p.58〕

ジューシーそぼろ煮
〔→p.58〕

もやしは「揚げ焼き」で
やみつき食感に

揚げ焼きもやしの豆腐のせ
〔→p.62〕

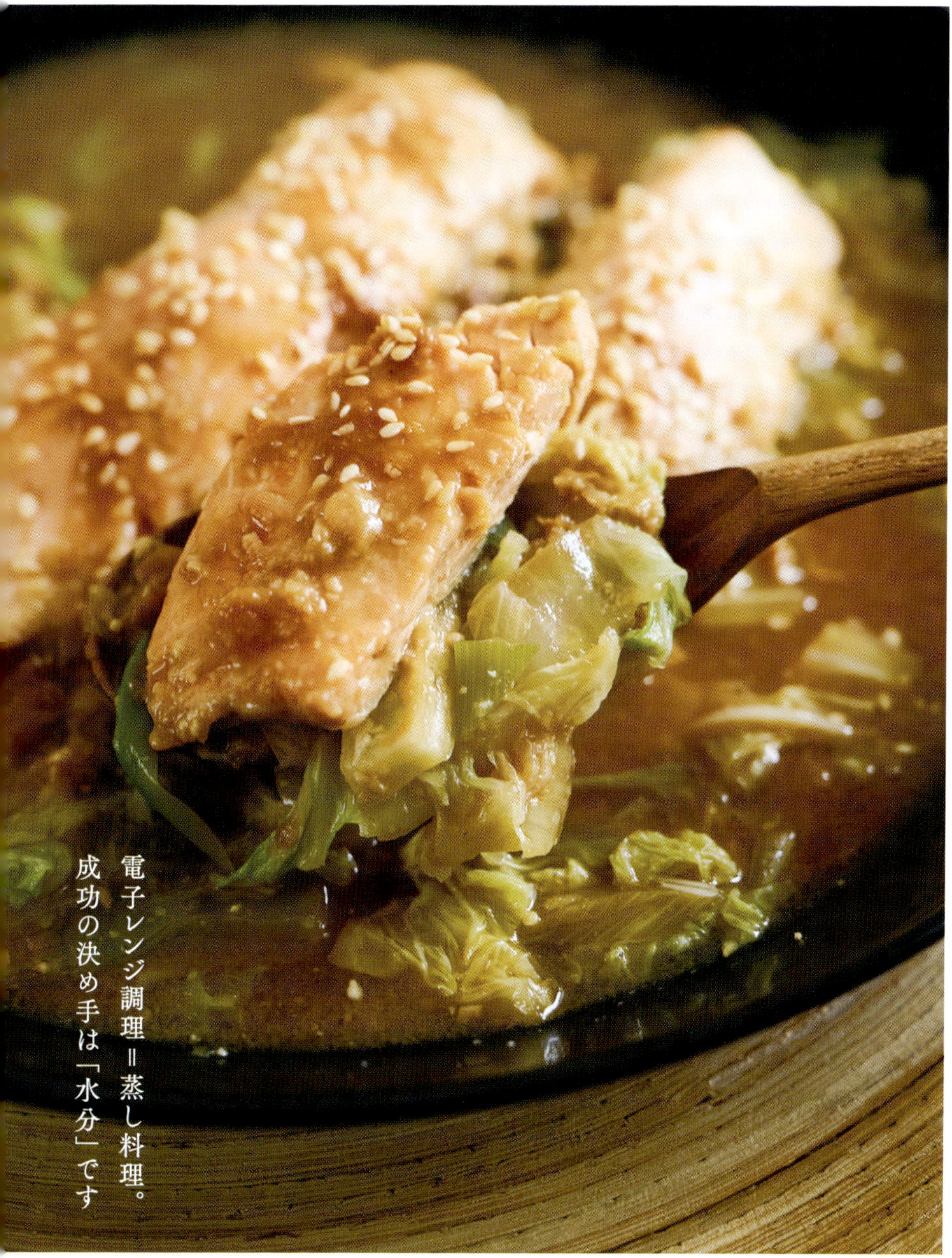
電子レンジ調理＝蒸し料理。
成功の決め手は「水分」です

鮭と白菜のちゃんちゃん蒸し
〔→p.64〕

主役級の食べごたえがある
「長ひじき」

長ひじきとひよこ豆の魚醤炒め
〔→p.67〕

じっくり加熱してくたくたにしたり、煮くずれさせたりするおいしさもある

時間をかけてじっくり加熱することで、新たなおいしさが生まれる食材があります。たとえば、いんげん。うまみの素になるミニトマトと合わせて煮込んだ「いんげんとミニトマトのくたくた煮」なんて、最高なんです。いんげんをオリーブ油で焼きつけるように炒め、水とハーブ、にんにくと塩、こしょうを加えたら、ミニトマトを入れてふたをし、10分煮るだけ。簡単でしょう？　ハーブは好みでかまいませんが、私の推しはなんといってもタイムです。それもバサッと多めに入れて、香りをしっかりつけるのがおいしさのコツ。ほんの1～2枝では、タイムのよさが出ませんよ。スーパーで売られている1パックの半量くらいを、私はこのレシピで一度に入れてしまいます。豚肉や鶏肉のトマト煮なども、同量くらいのタイムを香りづけに使うと本格的な味わいになります。

じっくり加熱するうち、食材は煮くずれてくるもの。そうすると「失敗！」と思われるかもしれませんが、煮くずれて生まれるおいしさもご紹介させ

てください。たとえば、豆で作るカレー。インド料理でもダル（豆）カレーは人気ですが、豆が煮くずれて生まれるとろみって、実においしいもの。ルウいらず、豆から生まれるとろみを生かしたカレーを作ってみませんか。**ツールダール（※和名はキマメ）**[01]は、水でもどさず、そのまま使えるのが便利です。ひき肉と合わせればいいだしにもなり、植物性と動物性両方のたんぱく質をとれます。豆は、ひよこ豆やレンズ豆でもかまいません。私は、豆を「体のおそうじ食材」だと思っています。食物繊維を多く含んでいるから、お通じがちょっと……というときには、豆を積極的にとってみてください。

カレーには、先述のいんげんのほか、じゃがいもやセロリ、青菜などを加えてもいいですね。これらも、しっかり加熱してくたくたに煮ることで（あるいは煮くずれることで）、新たなおいしさが生まれる野菜です。

今回ご紹介するレシピではクミンシードやコリアンダー、カルダモンなどを使っていますが、ご家庭にあるスパイスを自由に加えていただいてかまいません。以前イギリスで暮らしていたとき、隣家にインド人の女性が住んでいて、何度か料理を教わったことがあるんです。彼女の「スパイス使いに決まりはない。好きに使っていいのよ」という言葉が心に残ってい

01
キマメは、黄色えんどう豆の皮をむき、割ったもの。水でもどさなくても使え、火通りが比較的早くて便利なんです。輸入食材店やインターネットで購入できます。

ます。スパイスは、いくつか組み合わせると不思議とおいしくなり、味に奥行きが生まれます。

くたっとするほど加熱しておいしい野菜といえば、長ねぎ、大根、セロリ、ブロッコリーやカリフラワーなどもそう。それぞれの野菜が持つおいしさが引き出されて、オリーブ油と塩だけでもおいしい一品になります。じっくりと蒸しゆでにして、軽くつぶしたブロッコリーは、それ自体がおいしいソース！　ショートパスタと合わせ、たっぷりのパルミジャーノチーズをすりおろして食べるのは、うちの定番です。

カリフラワーは、料理雑誌ではあまり登場しない野菜のひとつ。日常的に使う人が少ないと思われがちで、値段もやや高めというのが理由のよう。じっくり加熱して、くたっとさせると最高においしいのに……！　煮込み料理はもちろん、肉料理のつけ合わせにもいいですよ。カリフラワーはクセがないので、生食もおすすめ。この話は後ほどご紹介します(→p.94)。

時短レシピが喜ばれる現代、さっと煮る、さっと炒めて完成、のレシピを求められることが多くなりました。もちろん手軽さも大事だけれど、じっくり作る料理のおいしさもやっぱり伝えたい。くたくたになるまで煮た野菜のおいしさって特別なものがあるなぁ、と感じています。

いんげんとミニトマトのくたくた煮

〔写真は*p.46*〕

材料〔2人分〕

さやいんげん … 200g
ミニトマト … 200g
オリーブ油 … 大さじ1
A
- 水 … ¾カップ
- タイム … バサッと（お好みで）
- ローリエ … 1〜2枚
- にんにく（薄切り）… 2〜3枚
- 塩 … 小さじ½
- こしょう … 少々

作り方

1 いんげん、ミニトマトはヘタを除く。

2 フライパンにオリーブ油を中火で熱し、いんげんを入れてこんがり焼きつけながら炒める。

3 Aを順に加え、ミニトマトも加えて、煮立ったらふたをし、弱火にして10分煮る。

ルウを使わない豆カレー

〔写真は*p.47*〕

材料〔作りやすい分量〕

乾燥キマメ（ツールダール）
…1カップ（180g）

水…3カップ

A ターメリック…小さじ2
ローリエ…1枚
塩…小さじ⅓

合いびき肉（または好みのひき肉）
…150g

トマト…1個（200g）

玉ねぎ…½個（100g）

B クミンシード・コリアンダー
…各小さじ1
カルダモン…4〜5粒

C おろしにんにく
…1かけ分（小さじ1）
おろししょうが
…2かけ分（大さじ1）
チリパウダー…小さじ½
塩…小さじ½

米油…大さじ1

温かいごはん…適量

コリアンダー（香菜）…適量

作り方

1 キマメは洗ってざるにあげ、水けをきる。鍋に入れ、分量の水を加えて中火にかける。煮立ったらアクを除き、Aを加えてふたをし、弱火で15分煮る。

2 トマトは1cm角に切り、玉ねぎは芯を除いて粗みじんに切る。Bのカルダモンはめん棒などでたたいて割る。

3 鍋に米油とBを入れ、弱めの中火で炒める。チリチリとして香りが立ったら玉ねぎを加えて透き通るまで炒め、ひき肉を加えてほぐしながら、肉の色が変わるまで炒める。

4 トマト、Cを加えて油がなじむまで炒め、*1*を煮汁ごと加えて混ぜる。火を強め、煮立ったら弱火にしてふたをし、15〜20分煮る。途中、水が足りないようなら足し、味をみて足りないようなら塩少々（分量外）を足す。

5 器にごはんと*4*を盛り、コリアンダーを添える。

「ほぐす」と「ほぐさない」、ひき肉の2通りのおいしさ

ひき肉には薄切り肉とは違う味わいがあるから、炒めものに使いたい。けれど、ほぐして炒めるとポロポロとして箸で食べづらいのがずっと気になっていました。それで思いついたのが、**スプーンで大まかにすくってフライパンに入れ、炒める方法**。[01] 形や大きさはおおざっぱでかまいません。でこぼこした形のほうが味のからみもいいですから。ほぐして炒めるとひき肉から水分が出やすいのですが、ほぐさなければその心配もありません。お好みの野菜と炒めて気軽な一品、なんてどうでしょうか。今回は、かぶと炒めて魚醤で味つけしました。かぶは根菜の中でも火通りが早いので、炒めものにもいいんです。生でもおいしい野菜なので、少し歯ごたえを残すくらい、さっと炒めるのがおすすめです。

ほぐして楽しむなら、断然、そぼろ煮！　すべての材料を鍋に入れ、ひき肉をほぐしてから火にかけ、肉の色が変わるまで菜箸などでたえずかき混ぜながら煮ていきます。肉の色が変わったら火を少し強めて、煮汁がひたひたになるくらいまで煮詰めます。口に入れたときジュワッとさせたいから、煮汁は残し気味に。炊きたてのごはんにのせて食べると、最高ですよ。

01
ひき肉をあえてほぐさずに炒めます。かたまりを残したほうが肉らしいうまみを味わえるし、食べごたえも出ます。

ひき肉とかぶの炒めもの

〔写真は*p.48*〕

材料〔2人分〕

豚ひき肉 … 200g
かぶ … 2個
A
- 酒 … 大さじ1
- 魚醤 … 大さじ½〜1*
- 酢 … 小さじ1
- 砂糖 … ひとつまみ

米油 … 大さじ½

*魚醤の分量は、塩分によって加減する。

作り方

1 かぶは2㎝ほど葉柄を残し、6等分のくし形に切って皮をむく。

2 フライパンに米油を中火で熱し、ひき肉を大まかにスプーンですくって入れ、3分ほど焼く。裏返して1分焼く。

3 かぶを加えて2分ほど炒め合わせ、Aを順に加えて炒め合わせる。

ジューシーそぼろ煮

〔写真は*p.49*〕

材料〔作りやすい分量〕

鶏ひき肉 … 300g
酒 … 大さじ3
水 … ½カップ
しょうゆ・みりん … 各大さじ2
砂糖 … 大さじ½
おろししょうが … 小さじ1

作り方

1 鍋にすべての材料を入れ、菜箸でひき肉をほぐしながら混ぜる。

2 中火にかけ、たえず混ぜながら肉の色が変わるまで煮る。

3 少し火を強め、汁けが少し残るくらい（ひき肉が煮汁に少しひたるくらい）まで煮詰める。

厚揚げもキャベツも、切るより、ちぎるが正解

いつもは包丁で切っている食材を、ときに手でちぎってみると新たなおいしさが生まれることがあります。たとえば、「ちぎった厚揚げとキャベツのみそ炒め」。キャベツもねぎも厚揚げも、手でちぎると、包丁でスパッと切るよりも味のからむ部分が多くなって、いい！　先に厚揚げをこんがり焼いてから野菜を加えますが、このときふたをして1分ほど蒸し焼きにするのもコツ。炒めものでふたをするの？　と思われるかもしれませんが、ほどよくしんなりさせてから調味したほうが、断然！　全体に味もまわりやすいんです。これはほかの野菜炒めでも同様ですので、試してみてくださいね。この料理では、みそだれの塩分でキャベツがすぐにしんなりしてきますので、あまり長く炒めすぎず、「キャベツ、まだシャキシャキやん」というくらいでみそだれを加えて、さっと炒め合わせてでき上がりです。

みそは、ここでは赤みそ（豆みそ）を使いましたが、普段お使いのものでかまいません。よほど辛口または甘口のものでない限り、全国のみそはさほど塩分も変わりません。愛知県出身の私にとって、赤みそはソウルフードのひとつ。赤というより黒に近いような濃い色が特徴です。東京に来て、

ぬた（酢みそあえ）の色が白っぽいのには本当に驚きました……！

厚揚げは木綿でも絹揚げでも、お好みで。温めればすぐに食べられて、炒めてよし、煮てよし、焼いてよしの便利な食材ですね。私も年々、肉よりも大豆製品を体が求めるようになってきました（笑）。

ちぎった厚揚げと
キャベツのみそ炒め

〔写真は*p.24*〕

材料〔2人分〕

厚揚げ … 1枚（200g）
キャベツ … 250g
長ねぎの青い部分 … 3本分
【みそだれ】
　酒 … 大さじ2
　好みのみそ … 大さじ1と½
　砂糖 … 大さじ½
　おろししょうが … 小さじ½
　赤唐辛子 … 1本
米油 … 大さじ½

作り方

1 キャベツ、長ねぎは食べやすい長さにちぎる。厚揚げはひと口大にちぎる。
2 赤唐辛子はちぎって種を除き、残りのみそだれの材料とともにボウルに混ぜ合わせる。
3 フライパンに米油を中火で熱し、厚揚げを入れて両面をこんがりと焼く。
4 キャベツ、ねぎを広げ入れ、ふたをして1分ほど蒸し焼きにする。
5 ふたを取って全体を1分ほど炒め（炒める時間は意外に短い。キャベツがまだシャキシャキの状態でOK）、2を加え、混ぜながらさっと炒める。

もやしは「揚げ焼き」で、やみつき食感に

定番の食材って、いつも同じような使い方ばかりしてしまいがち。それでは飽きもきますよね。そんなとき、意外な使い方をしてみると、新鮮で楽しいものです。たとえば、あまり知られていないけれど、もやしは揚げ焼きにしてもおいしい。水分が多いから揚げたらはねそう？　粉をまぶしておけば、そんなことはありません。

洗って水けをきったもやしをボウルに入れて、軽く小麦粉をふったら、削り節を加えるのもポイント。01 削り節がもやし独特のにおいを中和して、香りとうまみをプラスしてくれます。シンプルに素揚げでもいいけれど、こうしてなにか加えて、ちょっとした「味の重なり」を作ると、味わいにグンと奥行きが増します。もやしは、食感をよくするためひげ根を取ることが多いけれど、この料理では揚げることでひげ根がカリッとして、それもまた味になるので、取らなくてOKです。

ごま油を中火で熱して、もやしを入れて2分おき、返してひげ根がちょっと焦げるくらいまで加熱02してください。そのまま食べてもよし、私のおすすめは、手でくずした木綿豆腐の上にのせる食べ方。ごま油の風味をまとっ

01
粉を全体にまぶしておけば、油に入れてもはねません。少量の削り節が、もやし独特のにおいをマスキングしつつ、うまみアップの役割を果たしてくれます。

02
ひげ根がチリチリと焦げるくらいまでじっくり揚げ焼き。これが香ばしさの秘訣です。

たカリカリの揚げもやしと、やわらかな豆腐の食感のコントラストがいいんです。ポン酢しょうゆをたらしてどうぞ。おつまみにぴったりですよ。

ポン酢は、私は岐阜県・内堀醸造の「美濃特選味付ぽん酢」がお気に入り。

自然な味わいで、すだちやゆずの香りと風味をしっかりと感じられるのがいいの。

揚げ焼きもやしの豆腐のせ

〔写真は*p.50*〕

材料〔2人分〕

もやし … 1袋(200g)
木綿豆腐 … 1丁(300g)
小麦粉 … 大さじ1
削り節 … 1袋(5g)
ごま油 … 大さじ3
ポン酢しょうゆ(めんつゆでもよい) … 適量

作り方

1 豆腐は手で大まかにくずし、キッチンペーパーを敷いた耐熱皿にのせ、ラップをかけずに電子レンジで2分加熱する。粗熱が取れたら、水けをきって器に盛る。
2 もやしは洗ってざるにあげ、水けをよくきる。ボウルに入れ、小麦粉、削り節を加えて菜箸で混ぜる。
3 フライパンにごま油を中火で熱し、*2*を入れて2分さわらずに揚げ焼きにする。上下を返しながら、もやしの水分がとんで、ひげ根がチリチリと焦げてくるまで揚げ焼きにする。
4 油ごと*1*にのせ、ポン酢をかける。

電子レンジ調理＝蒸し料理。成功の決め手は「水分」です

電子レンジ調理で肝心なのは、「水分」！　加熱前に水大さじ1ほどを補うのが最大のポイントです。でないと、食材の水分が奪われて、かたくなったり、パサパサして食感が損なわれてしまいます。電子レンジ調理は蒸し料理、と覚えてほしい。鮭と白菜を使った「ちゃんちゃん焼き」ならぬ「ちゃんちゃん蒸し」を作ってみましょう。本家のちゃんちゃん焼きはキャベツで作りますが、電子レンジで作るなら水分の多い白菜のほうがおいしく仕上がります。鮭は秋鮭がおすすめ。さっぱりした身質が、こってり甘めのみそだれとよく合いますよ。耐熱皿に野菜を敷いて鮭をのせ、ふんわりとラップをかけて電子レンジで加熱。[01] こうすると、野菜に鮭のうまみが移ります。くさみの強い青魚は向きませんが、たらやめかじきなどでもいいですね。くさみが気になる場合は、酒をふってから5分おき、キッチンペーパーで水けを拭き取るといいですよ。

電子レンジ調理の際の甘みづけには、砂糖より、みりんあるいはオリゴ糖がおすすめです。砂糖は溶け残って焦げてしまうこともあるからです。電子レンジは便利なものですが、「均一に火を通すのがむずかしい」という

01　耐熱皿に野菜を敷き、上に鮭をのせて電子レンジにかけます。ラップはふんわりとかけて。

面もあります。使う食材はなるべく少なめで、多くても３つまでに収めたほうが、ムラなく加熱できます。今回は鮭、白菜、長ねぎだけにして、蒸気で熱が全体に行き渡りやすくなるよう考えました。そう、「電子レンジ調理は蒸し料理」です。

鮭と白菜のちゃんちゃん蒸し

〔写真は*p.51*〕

材料〔2人分〕

生鮭 … 2切れ(200g)
白菜 … 250g
長ねぎ … ½本(50g)
A みそ … 大さじ1と½
　みりん … 大さじ2
　おろししょうが … 小さじ½
水 … 大さじ1
白いりごま … 小さじ1

作り方

1 白菜は食べやすい大きさに切る。長ねぎは斜め薄切りにする。
2 鮭はキッチンペーパーで水けを拭き取り、骨があれば除く。
3 ボウルにAを入れて混ぜる。
4 耐熱皿に*1*を合わせてざっくり混ぜ、*2*をのせて*3*をまわしかける。皿の端から分量の水をまわしかける。
5 ふんわりとラップをかけ、電子レンジで8分加熱する。取り出してラップをはずし、ごまをふる。

「バジルペースト」は、うまみのかたまりです

おいしいからもっとみなさんに活用法を知ってほしい、便利だからもっと脚光を浴びてほしい！　そんな食材がいくつもあります。私の愛する食材をご紹介しましょう。

まずは**バジルペースト**[01]です。バジルペーストといえば、ジェノベーゼ・パスタを作るために購入される方がほとんどだと思いますが、いろんな料理に応用できるアイテムなんですよ。原材料は基本、バジルとナッツとオイルとチーズ。そう、バジルペーストはうまみのかたまり！　生野菜や温**野菜とあえるだけでしゃれた一品**[02]になりますし、私はマヨネーズやヨーグルトと混ぜてディップにもしています。バジルペーストにおろしにんにくとパン粉を加えて、なすやズッキーニ、パプリカなどに塗り、オーブンでこんがり焼いてもおいしい。あるいは、湯で溶いてミニトマトと軽く煮て即席スープ、みたいな使い方もいいですよ。冷蔵庫にバジルペーストが眠っていたら、ぜひお試しください。

01
バジルペーストは、旅先のスーパーや輸入食材店で購入。裏面の表示を見て、原材料がなるべくシンプルなものを選んでいます。写真左はロンドンのウェイトローズのもの。

02
たとえばゆでたカリフラワーとさやいんげん、薄切りにした紫玉ねぎ、マッシュルームをバジルペーストでさっとあえれば、おもてなしにも向くサラダになります。

もっと推したい、この食材②

主役級の食べごたえがある「長ひじき」

ひじきの煮ものは家庭料理の定番おかずですが、使われているのはだいたい細くてやわらかい芽ひじき。食感がしっかりした長ひじきのおいしさも、ぜひ広く知られてほしいと思っていました。食べごたえがあり、主役になる食材ですよ。芽ひじきと同じように使っていただいていいのですが、和の食材は洋の味つけにしてみると、新たな一面を見せてくれるもの。今回は魚醤を使ってひよこ豆やベーコンと合わせ、ちょっぴりエスニックな一品にしています。

長ひじきはたっぷりの水に20分ほどつけてもどします。少し時間がかかりますが、**ときどき1本折ってみて、やわらかくもどっているか確かめます。**[01] 食べやすい長さに切ってベーコンと炒め、脂が出てきたらひよこ豆を加えて、酒、魚醤、酢で炒め合わせれば完成です。酢を少し加えるとマイルドに。この料理では、ベーコンはうまみの素であり、たんぱく源でもあります。あえものでもなんでも、野菜や海藻に対してなにかしらのたんぱく源を合わせると、うまみと栄養のバランスがよくなり、全体的な食感も

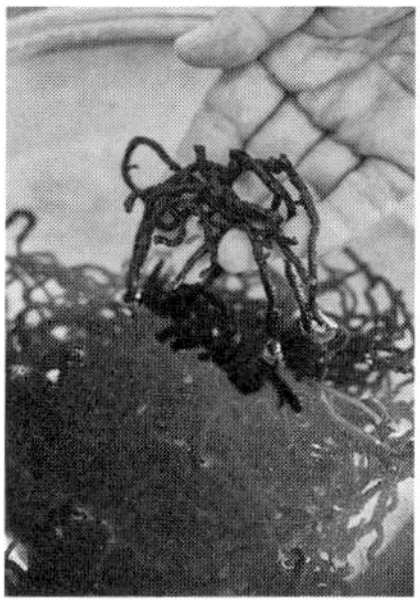

01
長ひじきは、もどすと6～7倍量になると覚えてください。芽ひじきよりももどし時間がかかりますが、その分、しっかりとした食べごたえがあります。

アップします。この料理ならベーコン以外に、ツナやちくわでもいいですよ。炒め油に使っている米油は、サラッと仕上がるのがいいところ。普段からよく使う油のひとつです。

長ひじきと
ひよこ豆の魚醤炒め

〔写真は*p.52*〕

材料〔作りやすい分量〕

長ひじき(乾燥)… 25g
ひよこ豆(ドライパック)… 50g
ベーコン … 2枚(30g)
米油 … 大さじ½
A 酒 … 大さじ1
魚醤* … 大さじ1
酢 … 小さじ1

*魚醤はいかなご、鮭、鮎、いわしなど、商品によって原材料が異なります。ナンプラー、しょっつる、ニョクマムなどお好みのものでOK。

作り方

1 ひじきはたっぷりの水に20分ほどつけてもどし、水けをきる。キッチンばさみで食べやすい長さに切る。
2 ベーコンは細切りにする。
3 フライパンに米油を中火で熱し、2を入れてさっと炒める。脂がにじんできたら*1*、ひよこ豆を加え、2分ほど炒める。
4 Aを順に加えて炒め合わせる。

もっと推したい、この食材③

「なまり節」は最強の〝鉄活食材〟

私は以前、ひどい貧血に悩まされていました。食事でどうにかしたいと鉄分豊富な食材をあれこれ試した結果、使いやすく頼りになったもののひとつが、かつおのなまり節でした。**以来、冷凍庫にほぐしたなまり節を欠かさずストックしています。**[01] なまり節とは、昔ながらのかつおの加工食品。生のかつおを捌《さば》いてゆで（または蒸し）、煙でいぶして表面を乾燥させています（かつお節のように完全に乾燥させるわけではなく、表面が乾いている程度）。低脂質で高たんぱく質、鉄分やDHA、EPAなどがとれる、いいことずくめの食材です。

加工時に味つけされていないので、さまざまな料理に使いやすいのがいいところ。和風の煮ものやあえものに使うのが一般的ですが、みそ汁に入れたり、野菜炒めに加えたり、混ぜごはんにしたり。マヨネーズとも相性がいいから、サンドイッチの具にしてもいい。トマトやケチャップ味も合うので、トマト煮にしたり、ナポリタンの具にしても。そのままお酒のつまみにしてもよし、お子さんのおやつにしてもよし。ああ、もっとみなさ

01
なまり節はスーパーやインターネットで購入可能。大きなかたまりのままだと場所をとるので、手でほぐして保存袋に入れ、冷凍するのがおすすめです。保存の目安は1か月ほど。

んになまり節のよさを知ってもらいたい……！

いつもツナで作る料理を、なまり節に置き換えるとよい（ツナよりボリュームがあって、食べごたえのある感じ）、とイメージしていただけると、和風だけでない使い道が広がるでしょうか。

魚介類は総じて価格が高めになりがちですが、なまり節は手頃なのもうれしい。今回は、ゆでキャベツとあえものにしました。少しパサッとしているので先に調味料にひたして水分を補いつつ、下味をつけてからあえるのがコツ。サラダに使うときも、同様に先にドレッシングにひたしてしっとりさせてから野菜とあえると、味なじみがよくなります。キャベツの水けはしっかり絞って。水けが残っていると、味がぼやけてしまいますから。

なまり節は、静岡県焼津市にある「かつおと燻製の専門店 川直《かわなお》」のものや、鹿児島県枕崎市の「マルミツ水産」のものが上質でおいしく、取り寄せて常備しています。食べやすくほぐして冷凍保存しておけば、長く楽しめますよ。

なまり節とゆでキャベツのあえもの

〔写真は*p.81*〕

材料〔2人分〕

なまり節(ほぐしたもの)… 80g
キャベツ … 200g
A しょうゆ … 小さじ1
　ゆずこしょう … 小さじ½〜1*
　おろししょうが … 小さじ¼
　ごま油 … 大さじ1

*ゆずこしょうの分量は、塩分や辛みによって加減する。

作り方

1 キャベツは芯を除いて大きくほぐし、たっぷりの湯でゆでてざるにあげ、水けをきる。粗熱が取れたら水けを絞り、食べやすい大きさに切る。

2 ボウルにAを入れて混ぜ(ゆずこしょうはものによって塩分がさまざまなので、味をみて加減する)、なまり節を加えて混ぜ、5分ほどおく。*1*を加えて混ぜる。

もっと推したい、この食材④

生でも、煮ても。かぶのように使える「ビーツ」

最近は、季節になるとスーパーなど入手できるところも増えてきましたが、やっぱりまだまだ使ったことのない人が多いでしょうか。でも**ビーツって、とても使い勝手のいい野菜**[01]なんです。ボルシチの材料として有名なので「加熱して使うもの」と思われがちですが、実は生でもおいしい。**皮を厚めにむいて薄切りや細切りにし、サラダに加えるといい**[02]んです。鉄分が豊富で、ポリフェノールも多いですから、もっと健康や美容のためにも活用してほしい。ドレッシングは、意外となんでも合います。なんならしょうゆ味も相性◎。ややかたいですが、かぶのような感覚で使ってみてください。

かぶのように、ということは、つまり煮ものにしてもおいしいの！　私は牛すじと玉ねぎを煮て、最後にビーツを加えたりもしますし、みそ汁に入れたっていい。ただしビーツの鮮やかな赤色は出ますから、最初は驚かれるかもしれません(笑)。

今回ご紹介するのは2品、まず生で味わう「ビーツのサラダ」です。オリー

01
ビーツは「食べる血液」とも言われるスーパーフード。見た目は赤かぶのようですが、ほうれん草と同じヒユ科の野菜なんですよ。

02
皮がかたいので、厚めにむきましょう。薄切りにすれば、そのまま生食できます。ビーツの鮮やかな赤色がほかの食材に移らないよう、切る順番は最後にするといいですよ。

ブ油とレモン汁であえて、刻んだディルを加えました。味をなじませたいので、できたら冷蔵庫で1時間ほどおいてください。器に盛ったら、マッシュルームの薄切りをのせましょう。あえもののところでもお話ししましたが(→p.36)、**食感の違うものを組み合わせると、口の中での対比が楽しい**[03]です。サワークリームを添えたのは、途中で味に変化をつけたいから。ビーツは柑橘やサワークリームなど、酸味との相性が特にいい野菜だと思います。サワークリームが手に入らなければ市販のギリシャヨーグルト(あるいは水きりしたプレーンヨーグルト)に生クリームを少し混ぜれば立派な代用品になりますよ。サワークリームは、余ったらフライドポテトにつけると止まりません。マヨネーズ感覚で使ってみると、新たな使い道がきっと見つかります。

もう一品は、「鶏手羽先とビーツの煮もの」。骨つき肉を煮ものに加えるとよいだしが出ます。手羽先は食べやすくするため、関節のところでふたつに切り分けます。先に手羽先をこんがりと焼きつけてから煮込むとアクが出なくなり、きれいな煮上がりに。ビーツは皮をむき、ひと口大に切って加えましょう。ふたをして弱火で20~25分煮れば、しょうゆ味が違和感なくしみて、ちょっとおもしろい煮ものの完成です。

03
シャキシャキのビーツと、サクッとしたマッシュルーム。見た目だけでなく、食感のコントラストを作ると楽しいです。

先ほども書きましたが、洋の食材は和食にも必ず生かせるし、和の食材も洋風に使ってみると新たなおいしさが見つかると私は思っています。

ビーツのサラダ

〔写真は*p.82*〕

材料〔2〜3人分〕

ビーツ … 220g
マッシュルーム … 2〜3個
ディルの葉 … 2〜3枝
A レモン汁 … 大さじ1
　塩 … 小さじ⅓
　オリーブ油 … 大さじ2
サワークリーム … 適量

作り方

1 マッシュルームは薄切りにする。ビーツは皮を厚めにむいて薄切りにする（色が移ってしまうので、この順番で薄切りにすること）。
2 ボウルにAを入れて混ぜ、ディルをはさみで刻んで加える。ビーツを加えて混ぜ、冷蔵庫で1時間おく。
3 2を器に盛り、マッシュルームをのせる。2のボウルに残ったドレッシングをかけ、サワークリームを添える。

鶏手羽先とビーツの煮もの

〔写真は*p.83*〕

材料〔2人分〕

鶏手羽先 … 8本（骨つきで350g）
ビーツ（あれば葉つき）… 2個（250g）
A 酒 … 大さじ1
　薄口しょうゆ・みりん … 各大さじ2
　砂糖・酢 … 各小さじ1
　水 … 1と½カップ
米油 … 小さじ1

作り方

1 ビーツは皮を厚めにむき、ひと口大に切る。手羽先はキッチンペーパーで水けを拭き、関節のところで半分に切る。
2 フライパンに米油を中火で熱し、手羽先を皮目から入れてこんがりするまで焼く。
3 A、ビーツを加えて火を強め、煮立ったらふたをして、弱火で20〜25分煮る（ビーツに竹串をさしてみて、スッと通るくらいが目安）。
＊汁けが多いようなら火を強めてとばす。逆に足りなくなったら水を足す。

POSTCARD

おそれいりますが
切手を
お貼りください

104-8357

東京都中央区京橋3-5-7
(株)主婦と生活社　料理編集

『
レシピに書けない
「おいしいのコツ」、全部お話しします
』
係 行

ご住所

〒　　－

お電話　　(　　)

お名前(フリガナ)

男・女　〔年齢〕　歳

ご職業　1.主婦　2.会社員　3.自営業　4.学生　5.その他(　　)

未婚・既婚(　　)年　家族構成(年齢)

『レシピに書けない「おいしいのコツ」、全部お話しします』はいかがでしたか?

今後の企画の参考にさせていただくため、アンケートにご協力ください。

＊お答えいただいた方、先着1000名様の中から抽選で20名様に、小社刊行物(料理本)をプレゼントいたします(刊行物の指定はできませんので、ご了承ください)。当選者の発表は、賞品の発送をもってかえさせていただきます。

Q1 この本を購入された理由は何ですか?

Q2 この本の中で「作りたい」と思った料理を3つお書きください。

(　　　　)ページの(　　　　　　　　　　　　　　　　)

(　　　　)ページの(　　　　　　　　　　　　　　　　)

(　　　　)ページの(　　　　　　　　　　　　　　　　)

Q3 この本の表紙・内容・ページ数・価格のバランスはいかがですか?

Q4 この本についてのご意見、ご感想をお聞かせください。

Q5 あなたが好きな料理研究家と、その理由を教えてください。

Q6 今後、どのような料理・お菓子の本がほしいですか?

ご協力ありがとうございました

もっと推したい、この食材⑤

「冷凍グリーンピース」の進化が止まらない

冷凍技術の進歩はすごいですね。あれこれ試してみて、昔に抱いていたイメージがすっかり変わりました。旬のおいしさを瞬間冷凍できるようになり、栄養も保たれて食感もいい。特に心打たれたのが、国産グリーンピースの冷凍品。01 見つけたら「買い！」ですよ。春には新物のグリーンピースを買うのが楽しみのひとつですが、このおかげで一年中おいしいグリーンピースが食べられるようになりました。今回は、鶏肉と玉ねぎと軽く煮込み、うまみを豆に吸わせてさらにおいしくいただきましょう。

鶏肉はひと口大に切ったら軽く焼き目をつけて、グリーンピースと玉ねぎとともに、鶏肉と野菜のだしが十分に出るまで煮ていきます。グリーンピースの、春の青くてやさしい味わいを存分に楽しみたいので、塩だけのシンプルな味つけで。玉ねぎの甘みは、煮込み料理に欠かせない名脇役。薄切りにしすぎると存在感がなくなってしまうので、食感が残る縦1cm幅に切るのがおすすめです。

煮込みやスープには、コンソメや鶏がらスープの素を入れなくては、と

01
写真はホクレンのもの。グリーンピースの香りと甘みがそのまま急速冷凍されています。凍ったまま必要な分だけ取り出して使えるのも便利です。

思っている方も多いのですが、まずは塩だけで味つけをして、素材から出るうまみを感じてみてほしいのです。スープの素は調味料ではなく、あくまで「だしの素」ですから、トマトや玉ねぎ、きのこ、肉、魚介類など「だしが出る食材」を使うときは、基本的に必要ありません。

さて、そろそろ煮えてきました。まずはふたを開けて、立ちのぼるグリーンピースのよい香りを味わってみてください！

冷凍グリーンピースと鶏肉、玉ねぎの軽い煮込み

〔写真は*p.86*〕

材料〔2人分〕

冷凍グリーンピース … 150g
鶏もも肉 … 1枚（250g）
玉ねぎ … ½個（100g）
塩・こしょう … 各少々
オリーブ油 … 大さじ½
A 水 … 1カップ
　塩 … 小さじ½
　ローリエ … 1枚
　こしょう … 少々
　にんにく（薄切り）… 3枚

作り方

1 玉ねぎは芯を除き、縦に1cm幅に切る。鶏肉はキッチンペーパーで水けを拭き、ひと口大に切って塩、こしょうをふる。
2 フライパンにオリーブ油を中火で熱し、鶏肉を皮目を下にして入れ、2分ほど焼く。焼き目がついたら裏返し、1分焼く。
3 A、玉ねぎ、グリーンピースを凍ったまま加えて火を強め、煮立ったらふたをして弱火で8〜10分煮る。

もっと推したい、この食材⑥

手間をかけるほどに愛おしい「牛すね肉」

仕込みに時間はかかります。安いお肉はもっとほかにもあります。でも、おいしさを追求するなら、試してみてほしい食材の代表格が牛すね肉です。料理雑誌では滅多に登場しませんが、スーパーにはよくある食材ですし、使い方を覚えたらおいしいレパートリーが増えること間違いなし！

私はいつも1kgほどまとめて仕込むのですが、その方法を書いてみましょう。まず、下ゆでから。一度ゆでこぼします。水から中火にかけて肉の表面の色が変わるまでゆでたらお湯を捨て、肉についたアクも洗い流し、鍋も洗います（アクがたくさん出ますが、びっくりしないで！）。

再び鍋にすね肉と水、香味野菜（洋風にするならローリエなどのハーブ、和風にするならしょうがやねぎの青い部分）と塩を入れて火にかけ、グツグツと煮立ったら（十分に温度が上がったら）ふたをして弱火にし、1時間ほど煮ます。ふたをして煮るときは、湯がふつふつとしている状態を保ち続けてください。ここはグツグツじゃなく、ふつふつ。やさしい感じですよ。このゆで汁自体がもう……おいしいの！　別に取り分けて、根菜と一緒に塩で煮るだけでも上質なスープになりますし、煮もののベースにしても深いコクが出ます。牛だしといえば韓国料理でもおなじみですから、冷麺のスープなどに使うのもいいですね。

さて、牛すね肉ですが、冷めたらほぐしておくと使い勝手がいい[01]ですよ。もやしやキャベツと炒めものにしてもいいし、マヨネーズとあえてサンドイッチにしてもいいし、青菜とナムルにしてもいい。春雨ときゅうりで中華風にあえても意外と合うんです。なにより最高なのが、ひき肉と合わせたボロネーゼ、つまりミートソースです。

ミートソースといえばソフリット（玉ねぎ、セロリ、にんじんのみじん切りを炒めたもの）を作り、ひき肉と炒め合わせてホールトマトやスープストックで煮ていくわけですが、すね肉のゆで汁とほぐしたすね肉を加えると濃厚なうまみが加わって、もう段違いのおいしさに。

ソフリットを作るときの油はオリーブ油大さじ2。この多めの油がポイントですよ。ボロネーゼはオリーブ油を惜しげもなく使うほうが、よい仕上がりになります。濃厚な味に合わせて、パスタはフェットチーネ、パッケリなど太麺がおすすめです。まとめて仕込んで冷凍しておくと、急なお客様のときにも重宝して、仕込んでおいた自分をほめたくなります。

01
下ゆでした牛すね肉は手でほぐしておくと、ボロネーゼにはもちろん、あえものにしたり炒めものにしたり幅広く使えます。

牛すね肉の下ごしらえ

材料〔作りやすい分量〕

牛すね肉 … 1kg

ローリエ* … 2～3枚

塩 … 小さじ½

*長ねぎの青い部分2～3本分や、
しょうがの薄切り3～4枚でもよい。

作り方

1 すね肉は鍋に入れ、ひたひたの水を注いで中火にかける。煮立ったら5～6分、表面の色が変わるまでゆでてざるにあげ、水けをきる。すね肉についているアクを洗い流し、鍋も洗う。

2 鍋にすね肉とひたひたの水、ローリエ、塩を入れて強めの中火にかける。煮立ったらふたをして弱火にし、常にふつふつしている状態を保ちながら1時間ほど煮る。

3 火を止めてそのまま冷ます。

＊完全に冷めたらゆで汁ごと保存容器に移して保存する。冷凍する場合は、ほぐして保存袋に入れ、空気を抜いて冷凍庫へ（ゆで汁とは分けて保存する）。保存の目安は冷蔵で3日ほど、冷凍で1か月ほど。ゆで汁は野菜を足してスープにしたり、煮もののベースに。

牛すね肉とひき肉のボロネーゼ

〔写真は*p.85*〕

材料〔4～5人分〕

牛すね肉（ゆでたもの）… 400g
合いびき肉（または豚ひき肉）… 150g
【ソフリット】*
- 玉ねぎ … ½個（100g）
- にんじん … 小1本（100g）
- セロリ … 1本（100g）
- 塩 … ひとつまみ
- オリーブ油 … 大さじ2

赤ワイン … ½カップ
A
- カットトマト缶 … 1缶（400g）
- 牛すね肉のゆで汁 … 1カップ
- 塩 … 小さじ1と½
- おろしにんにく … 1かけ分
- ローリエ … 2～3枚
- 赤唐辛子 … 2本

こしょう … 少々
フェットチーネ（乾燥）… 200g

*ソフリットはまとめて作って、冷凍するのもおすすめ。

作り方

1. ソフリットの野菜はそれぞれみじん切りにする。牛すね肉は手でほぐす。赤唐辛子はへたをちぎって種を除く。
2. フライパンにオリーブ油とソフリットの野菜、塩を入れて中火で熱し、野菜がしんなりとして、十分に油がなじむまで炒める。
3. ひき肉を加えてほぐしながら炒め、肉の色が変わったら牛すね肉を加えてさっと炒める。
4. 赤ワインをまわし入れ、Aを加えて火を強め、煮立ったらふたをして弱火で30分煮る。
5. 火を強めて煮汁を好きな加減に煮詰め、こしょうをふって混ぜる。
6. フェットチーネを袋の表示時間通りにゆで、湯をきって器に盛り、5をたっぷりのせる。

「なまり節」は
最強の〝鉄活食材〟

81　なまり節とゆでキャベツのあえもの

〔→p.69〕

生でも、煮ても。
かぶのように使える「ビーツ」

ビーツのサラダ
〔→p.72〕

鶏手羽先とビーツの煮もの
〔→p.72〕

手間をかけるほどに愛おしい「牛すね肉」

牛すね肉の下ゆでは、「グツグツ」ではなく、
弱火で「ふつふつ」が肝心。アクを除いた後の、
この澄んだゆで汁も極上の味わいです。

85 牛すね肉とひき肉のボロネーゼ
〔→*p.77*〕

「冷凍グリーンピース」の
進化が止まらない

冷凍グリーンピースと鶏肉、玉ねぎの軽い煮込み
〔→p.75〕

大きく切るだけで、存在感アップ！

ごぼうのバルサミコ煮 紫玉ねぎのアグロドルチェのせ

〔→p.92〕

いつもの野菜が、
スパイスで変身

生カリフラワーのスパイスマリネ
〔→p.94〕

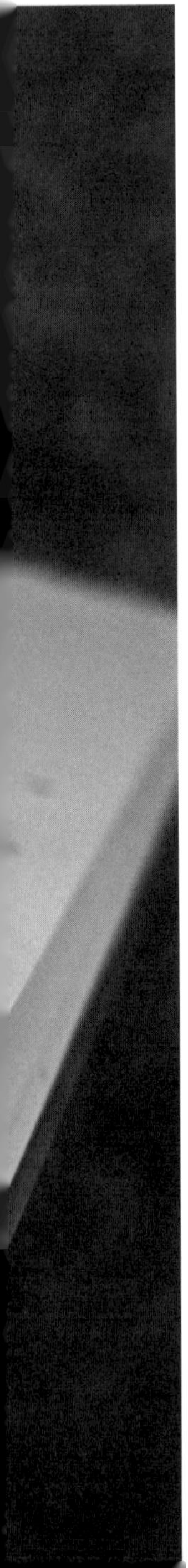

作るのは「いつものおかず」の延長でいい。そう考えれば、ホームパーティは怖くない！

ホームパーティ、略して「ホムパ」は、私のたまの楽しみであり、大好きな時間です。そう言うと、「そりゃあ、先生は料理が得意だから……」「おもてなしに、なにを作ったらいいかわからなくて」と言われるのですが、私はホムパも持ち寄りも、「いつものおかず」でいいと思っています。ただ、ちょっとしたコツがあって、たとえば普段と切り方を変えて、大きく（または小さく）してみる。それだけのことで印象がずいぶんと変わってきます。れんこんのきんぴらなら、いつもはごはんのおかずだから薄い半月切りで作るところを、大きめの乱切りにする。それだけで見栄えがして、特別感のある一品になったりするんです。おいしいアスパラが手に入ったら、1本まるごと春巻きの皮で巻いて揚げちゃいます。肉団子の黒酢あんは、1個でお腹いっぱい！　ってくらい肉団子を大きくします。作り慣れているいつものおかずの大きさを変えてみる。それだけで、ホムパのハードルがグッと下がるんじゃないかと思います。

ホムパの最初には、本書でも紹介した野菜のあえものをいくつか用意しておいて、みんなと会話を楽しみます。よく、招いた側がずっとキッチンに立ちっぱなしなんて話も聞きますが、私が楽しみたくてパーティを開いているんですもの、そんなのは絶対にいや（笑）。あえものは前もって作りおきしても、水分が出ないように工夫してあるのは、ご説明した通りです（→p.36）。うちに遊びに来る人たちは、ひとり暮らしで、なかなか野菜がとれないという方が多いんです。ですから、野菜のおつまみは必ずお出しするようにしています。

自分用の記録としてつけているホムパノート。「前回、どんなお料理をお出ししたかな?」と、楽しい思い出とともにふり返るのも楽しいんです。

うちのホムパの人気者①

大きく切るだけで、存在感アップ！「ごぼうのバルサミコ煮」

「ごぼうのバルサミコ煮」の写真を見てください（↓p.87）。自分のためのおかずなら、ごぼうは4㎝長さくらいに切りますが、**ホムパには倍の8㎝ほど、長めに切って存在感をアップ**。[01] 先ほども書きましたが、長めに切って盛るだけでおもてなし料理っぽくなりませんか？

ごぼうのバルサミコ煮は、一度素揚げしたごぼうをバルサミコ酢としょうゆ、砂糖、こしょうで煮詰めて作ります。ごぼうの力強い味と香り高いバルサミコ酢って、とても相性がいいんです。上にのせたのは、紫玉ねぎのアグロドルチェ（甘酢煮）。これを添えるとパッと華やかになって、よりパーティ感が増しますね。紫玉ねぎを酢や砂糖などで煮ただけですが、ごぼうと一緒に食べてもよし、これだけピクルス感覚でつまんだり、肉料理のつけ合わせにしてもいい一品です。

01
いつも作り慣れているおかずの、野菜の切り方を変えただけ。それだけで「わあっ」と喜んでもらえたりするんですよ。

ごぼうのバルサミコ煮 〔写真は*p.87*〕

〔写真は*p.87*〕

材料〔作りやすい分量〕

ごぼう … 250g
揚げ油 … 適量
A バルサミコ酢 … 大さじ3
しょうゆ … 大さじ2
砂糖 … 大さじ½
こしょう … 少々

作り方

1 ごぼうは皮をこそげて7～8㎝長さに切り、縦半分に切って水にさっとさらし、水けを拭く。
2 フライパンに揚げ油、*1*を入れて中火で熱し、ごぼうがやわらかくなるまで4～6分揚げて油をきる(揚げ時間はごぼうの太さによって異なる)。
3 フライパンをきれいにし、A、2を入れて中火にかけ、煮汁がとろっとするまでときどき混ぜながら煮詰める。

紫玉ねぎのアグロドルチェ

〔写真は*p.87*〕

材料〔作りやすい分量〕

紫玉ねぎ … 1個(200g)
A 酢 … ¼カップ
砂糖 … 大さじ3
塩 … 小さじ¼
黒粒こしょう … 5～6粒
ローリエ … 1～2枚

作り方

1 紫玉ねぎは縦に半分に切り、芯を除いて縦に薄切りにする。
2 鍋にA、*1*を入れて中火にかけ、煮立ったら全体を混ぜてふたをし、弱めの中火で7～8分煮る。もう一度混ぜ、火を止めてそのまま冷ます。

うちのホムパの人気者②

いつもの野菜が、スパイスで変身「生カリフラワーのスパイスマリネ」

カリフラワーはくたくたに煮てもおいしいと書きましたが（↓p.55）、生で食べるとコリコリッとした食感が新鮮で、これまたおいしい。食べやすい大きさに切って、サラダやあえものに忍ばせてみてください。**私はザクザク薄切りにして、**[01] クミンやコリアンダーシードなどのスパイスとともにオリーブ油、レモン汁、少々のおろしにんにくでマリネして食べるのが好き。カレーのところでもお話ししましたが（↓p.54）、スパイスの使い方は「こうでないといけない」という決まりはなくて、家にあるものを数種類組み合わせると、案外うまくいきます。ここでは、あれば**トルコ料理に使う「スマック」というスパイスを加えると、こなれた味に。**[02] 日本の「ゆかり」（赤じそふりかけ）みたいな風味と酸味があるんですよ。スマックは、サラダや肉料理に少し酸味がほしいときに重宝。酢のように全体に広がらないから、ところどころ酸味を感じられるのがいいんです。

01
カリフラワーは小房に分けず、縦に薄くザクザク切っていきます。房がポロポロになってしまっても、ドレッシングと混ぜてしまえば大丈夫。

02
スマックは、ルス・コリアリアという赤い実を乾燥させ、粉末状にしたもの。輸入食材店やインターネットで入手できます。

生カリフラワーの
スパイスマリネ

〔写真は*p.88*〕

材料〔作りやすい分量〕

カリフラワー … 大1個（300g）

A オリーブ油・レモン汁 … 各大さじ2
　塩 … 小さじ½
　おろしにんにく … 小さじ¼

好みのスパイス（黒こしょう・コリアンダー・クミン・スマックなど数種類を組み合わせるとよい。パウダーでOK）… 適量

作り方

1 カリフラワーは薄切りにし、大きいものはひと口大に切る。

2 ボウルにAを入れて混ぜ、*1*を加えてよく混ぜる。スパイスを加えて混ぜ、10分ほどおいて味をなじませる。

うちのホムパの人気者③

飛ぶように売れる「ささみフライ」

ホムパの料理は、作りおきできるものか、「あとは加熱するだけ」まで仕込んでおけるものにすると、席をはずす時間が少なくすむのでいいですよ。揚げものは大変なイメージがあると思いますが、粉やパン粉をつけるところまで準備しておけば、あとは揚げるだけ。ささみはやわらかくて火の通りが早いのもいいところ。あっさりしているので、揚げてもしつこくなりません。5～6人集まるとき、20本くらい揚げるのですが、あっという間に売り切れてしまう人気者です。翌日、サンドイッチにしてもおいしいのに、残念ながらなかなか残りません(笑)。

おいしく作るコツは、筋を取ったら片面に斜めに浅く切り込みを入れておくこと。こうすることでやわらかく、ふわっとした食感になります。また、些細なことですが、溶き卵には水を少し加えておくと、卵液がゆるくなって断然衣がつけやすくなりますよ。揚げている間は、揚げかすをこまめに取り除いて。揚げ上がりがきれいに仕上がりますから。

19ページでもご紹介したコーミの「デラックスこいくちソース」とタルタ

01

レモンなどの柑橘は、多めにカットして別の器でお出ししておくと、みなさんフライだけでなく、いろいろな料理にかけて使ってくださいます。そうやって自由に楽しんでいただけるようにすると、作り手もラクでいいですね。

ルソース、カットレモンを添えて[01]お出ししています。タルタルはあまり凝らず、ゆで卵ときゅうりのピクルスだけで十分おいしい。ゆで卵はざっくり粗くつぶしたほうが見た目にも豪華で、食べたときの食感もいいですよ。揚げ油は、ささみを揚げたくらいでは劣化しませんので、揚げかすを取り除いて保存し、ぜひ炒めものなどに使ってください。

ささみフライ

〔写真は*p.113*〕

材料〔5〜6人分〕

鶏ささみ … 18本
塩・こしょう … 各少々
卵 … 2個
水 … 大さじ2
小麦粉・パン粉・揚げ油 … 各適量

【タルタルソース】

ゆで卵 … 3個
きゅうりのピクルス … 小3〜4本
マヨネーズ … 大さじ3
ピクルスの漬け汁 … 小さじ1
塩 … ひとつまみ

コーミソース（ウスターソース）・
レモン（くし形切り）… 各適量

作り方

1 ささみはキッチンペーパーで水けを拭く。筋を除き、片面に斜めに浅く切り目を入れ、塩、こしょうをふる。

2 ボウルに卵を割り入れ、分量の水を加えて混ぜる。

3 ***1***に小麦粉、***2***、パン粉の順に衣をつける。

4 直径26㎝のフライパンに揚げ油を入れて中温（180℃）に熱し、***3***を6本（1/3量）入れ、そのまま2分さわらずに揚げる。上下を返し、さらに1〜2分揚げる。残りも同様に揚げる。

＊揚げもの、とくにフライや天ぷらは、少量ずつ揚げたほうが衣がはがれにくく、また油の温度も下がらずに上手に揚げられます。

5 タルタルソースを作る。きゅうりのピクルスは刻んでボウルに入れ、ゆで卵を加えてフォークで大まかにつぶす。残りの材料を加えて混ぜる。

6 ***4***を器に盛り、***5***とコーミソース、レモンを添える。

うちのホムパの人気者④

冬の主役はあつあつのグラタン

牡蠣とほうれん草。冬においしくなるもの同士であり、とても相性のいい組み合わせでもあります。そんな2品を主役にしたグラタンですが、これまた仕込んでおけば、後はオーブンで焼くだけ。オーブン料理は、加熱中に放っておけるのがうれしいところです。

ホワイトソースの割合は、「牛乳100mlに、小麦粉大さじ1、バター10g」と覚えておくと便利です（ただし、今回は牡蠣のうまみが溶け出た蒸し汁を加えたいので、牛乳の分量を減らしています）。バターは減らさないでくださいね。グラタンを食べるときだけは、ダイエットのことは忘れましょう！（笑）。まず、鍋にバターを入れて火にかけ、溶けたところで小麦粉を加えて耐熱のゴムべらで炒めていきます。**ここで粉にしっかり火を入れることで小麦粉くささがなくなり、バターと小麦粉をなじませて一体化させるとダマができなくなります。**[01] ふつふつとしてきたら、**牛乳の半量を一気に入れ、**[02] 中火で混ぜながら煮てください。とろみがついてきたら、残りの牛乳を少しずつ加えて混ぜ、好みのとろみ加減にしていきます。今

01 小麦粉が完全にバターとなじんで、ふつふつとするまでゴムべらでしっかり炒めましょう。

02 小麦粉とバターがしっかりなじんでいれば、ここで牛乳を一度に加えてもダマにはなりません。

回は、牡蠣の蒸し汁を加えるので、少しかためくらいを目指します。03 もしゆるくなりすぎてしまっても、慌てないで。上にのせるチーズを少し取り分けて混ぜると、適度にとろみがつきますよ。チーズの塩けが加わるので、塩は控えめにしておきます。

フライパンで、スライスした玉ねぎを透き通るまで炒め、ゆでたほうれん草も加えて全体がなじんだら、蒸した牡蠣と蒸し汁、そしてホワイトソースを入れて全体を混ぜます。このとき一度味見をして、塩けが足りなければ足してください。牡蠣によって、塩けが異なるためです。

グラタン皿に移してチーズをのせ、220℃に温めたオーブンで15分ほど焼きますが、このとき「オーブンの加熱時間は長めにセットする」のもコツのひとつ。レシピ通りの時間でいまいち焼き色がつかなくてもう少し焼きたいとき、再セットする手間が省けます。「15分焼く」とレシピにあったら10分プラスして25分セットするくらいでちょうどいい。好みの焼き加減になったらオーブンを止めればいいだけですから(ただし、焦がさないようにタイマーはセットしておいてくださいね)。

ホワイトソースは、余ったら冷凍が可能。保存袋に入れて薄く平らにして冷凍すれば、使いたい分だけ割って取り出せます。

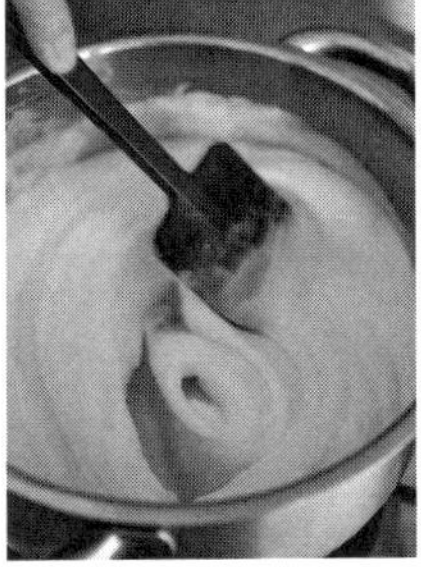

03
牡蠣の蒸し汁を加えると少しゆるくなるので、ここではホワイトソースが少しかたいかな？ くらいでOKです。

牡蠣とほうれん草のグラタン

〔写真は*p.115*〕

材料〔4～5人分〕

牡蠣（加熱用）… 300～400g
ほうれん草 … 1束（200g）
玉ねぎ … ¾個（150g）
白ワイン … ¼カップ
米油 … 大さじ½

【ホワイトソース】（作りやすい分量）
小麦粉 … 大さじ8
バター … 80g
牛乳 … 700㎖
塩 … 小さじ⅓
こしょう … 少々
牡蠣の蒸し汁 … ½カップ
ピザ用チーズ（またはモッツァレラチーズ、青かびチーズなどでも）… 100g

作り方

1 ほうれん草は根元に十字に切り目を入れ、水の中でふり洗いし、5分ほど水につける。フライパンにたっぷりの湯を沸かし、ほうれん草を⅓量ずつ根元から入れてさっとゆで、ざるにとって冷ます（おかあげ）。水けを絞り、3～4㎝長さに切る。玉ねぎは薄切りにする。

2 牡蠣はたっぷりの水で洗って鍋に入れ、白ワインをふって中火にかける。煮立ったら火を弱めてふたをし、4～5分蒸す。ざるで漉し、牡蠣と蒸し汁に分ける。

3 ホワイトソースを作る。鍋にバターを入れて弱めの中火で熱し、溶かす。小麦粉を加え、耐熱のゴムべらで3～4分炒め、バターと小麦粉をなじませる。

4 ふつふつとして小麦粉が完全にバターになじんだら牛乳の半量を一度に加える。中火にし、とろみがつくまで混ぜながら加熱する。とろっとしてきたら残りの牛乳を様子を見ながら少しずつ加え（ここでとろみの調整をする）、とろみがつくまで温める。塩、こしょうをふって混ぜる。

5 フライパンに米油と玉ねぎを入れて中火で熱し、玉ねぎが透き通るまで炒める。ほうれん草を加え、ほぐしながら油がなじむまで炒める。

6 *5*に牡蠣の蒸し汁と牡蠣を加え、*4*も加えて混ぜる。味をみて、足りないようなら塩少々（分量外）を加えて混ぜる。

＊ホワイトソースはグラタン皿に合わせて少し残ってもOK。

7 耐熱のグラタン皿に入れてチーズをのせ、220℃に予熱したオーブンで15分ほど、チーズがこんがりするまで焼く。

基本の調味料と油のこと

旅が好きです。旅をすると各地の調味料が気になって、どこへ行っても必ずあれこれ買ってしまいます。そんな中、うちの定番になったもののひとつが、岩手県九戸郡の野田村で作られている「のだ塩」です。製塩するところを見学したのですが、昔ながらの薪窯で完全に手作り。海水のミネラル分が豊富で、ピリピリとした塩けではなく、やさしい味わいなんです。塩は味のかなめですし、しっとりとした粗塩とサラサラとした精製塩では、味わいはもちろん、小さじ1の分量も異なります。それから、**ぜひ一度はかってみてほしいのが「塩ひとつまみ」**。01 親指、人さし指、中指の3本の指でつまんだ量です。私の塩ひとつまみは粗塩で1g。実際にはかってみると、「塩ひとつまみをふる」のイメージが変わるんじゃないかなと思います。

みそも、各地でつい買ってしまうもの。地域によって風味の違うみそが

01
私の塩ひとつまみ＝だいたい1g。ご自分でも一度はかってみると、イメージしているよりも、案外多いんだなということに気づくと思います。

つくられているのがおもしろく、興味深いですね。私は地元・三河の赤みそと、郡司味噌漬物店の「京都さくら味噌」、秋田・小玉醸造の低塩みそ「ヤマキウ 柏寿みそ」など5種類ほどを大きめな保存容器に入れ、そのときの気分で単独で使ったり、合わせみそにして使っています。甘めのみそだけで作る日もあれば、甘めと辛めを合わせたり、辛めだけで使う日もあったり。ほかに、甘口で低塩分の白みそは、冷凍保存をしています。

三河といえば、みりんも有名です。角谷文治郎商店の「三州三河みりん」は、一般的な本みりんの倍くらい甘くて、うまみも深く、濃厚な味わい。使ってみたい方は、レシピに記載の半量くらいを目安にしてください。そのまま、オンザロックで飲んでもおいしいんですよ。

料理用の酒は特に銘柄を決めておらず、清酒(純米酒)を使っています。料理酒として売られているものは塩分が加えられているので、料理酒を使うときはレシピ中の塩やしょうゆの分量を気持ち減らすなど、バランスを考えて使ってみるといいと思います。しょうゆはキッコーマンの「特選 丸大豆しょうゆ」、砂糖はごく一般的な上白糖を使っています。お酢は京都・村山造酢の「千鳥酢」が、やさしい酸味でお気に入り。酢も、つくり手によってかなり風味が違いますが、お好みのものでいいと思います。

油は種類が多くて、ごま油だけでも3種類（香りのないもの、あるもの、香りの強いもの）、オリーブ油も普段使いの加熱用のもの、サラダなどに使う香りがフルーティなもの、スパイシーなものなどを、バターならさっぱりしたものと塩味が強いものと、個性が違うものを常備して、料理によって使い分けています。バターといえば、ちょっと使い方のことを説明しておきましょう。バターは焦げやすいので、焼いたり炒めたりに使うときは、「香りのない油」を少し加えて加熱するのがおすすめです。バターを料理で使うのは、あのミルキーでこっくりとしたよい香りを食材にまとわせたいとき。一度焦げてしまうと、焦げたにおいが食材にからんで、台なしになってしまいます。

油は炒める・揚げるだけでなく、あえものにも使うということは先にも書きましたが（→p.37）、もうちょっとここで詳しく。あえものにおいて、油は全体に味をなじませるもの。たとえば、塩だけでゆで野菜をあえようとしても、全体にうまく塩けがまわりません。**少量の油を加えることで全体に味がまわりやすくなり、さらにはクセのある食材の香りなどをやわらげてくれる**効果[02]も。つるっとして食べやすくもなります。

小松菜とれんこんであえものを作ってみましょう。れんこんはスライ

02 油をまわし入れることで、青菜特有の青い香りがやわらぎ、食べやすくなります。青菜が苦手な父も、こうするとおいしいと食べてくれるの。

サーで薄切りにして水にしばしさらし、水けをきってからさっとゆでておきます。小松菜は、38ページで説明した要領でゆでましょう。広口のフライパンを使うと葉野菜を長いままゆでられて便利ですが、鍋を使う場合は茎と葉を切り分けておくとよいでしょう。薄口しょうゆ、酢、オリゴ糖をしっかり混ぜ合わせておき、水けを絞って3～4㎝長さに切った小松菜とれんこんをあえます。素材をボウルに入れて調味料を順に入れてあえると、味にムラが生じやすいもの。調味料を事前にしっかり混ぜておくことで味が均一になり、なじみもよくなります。最後にオリーブ油を加えて再度あえると口当たりがなめらかに。青菜の色を生かしたいので、薄口しょうゆを使っています。

小松菜と
れんこんのあえもの

材料〔作りやすい分量〕

小松菜…1束(200g)
れんこん…小1節(100g)
A 薄口しょうゆ…大さじ1
　酢・オリゴ糖…各小さじ½
オリーブ油…大さじ1

作り方

1 れんこんはスライサーで薄切りにし、水にさっとさらして水けをきる。小松菜は根元を少し切り落とし、茎の間の泥を洗い流す。

2 フライパンにたっぷりの湯を沸かし、れんこんを入れてさっとゆで、ざるにあげる。

3 同じ湯で小松菜を⅓量ずつ根元から入れてさっとゆで、ざるに取って冷ます(おかあげ)。水けを絞り、3～4cm長さに切る。

4 ボウルに**A**を入れて混ぜ、2、3を加えてあえる。最後にオリーブ油を加え、全体になじませながら混ぜる。

愛用している調味料。赤みそは地元・三河のものと「京都さくら味噌」を愛用。あとは信州みそと、そのときどきの旅先で買うみそ、秋田・小玉醸造の甘口「柏寿みそ」のだいたい5種類を合わせたり、単独で使っています。塩分の低い白みそは冷凍保存が必須。

油は、炒めものや揚げもののほか、生でも使用するので上質なものを選ぶようにしています。生食用のオリーブ油は、ギリシャのGAEA（ガエア）社のもの（写真左）。サラッとしてクセのないものと、オリーブの青い感じが濃く感じられるものと2種類あり、それぞれ蒸し野菜などにまわしかけて塩で食べるとたまりません。納豆をオリーブ油と塩で食べるのもおすすめ。バターは三重県・大内山酪農農業協同組合が作る「大内山バター」がとてもやさしい風味で、さっぱりと使えるのが気に入っています（写真右手前）。

冷蔵庫に「水だし」があると、重宝します

わが家のだしは、かつお昆布だし。私は「水だし」にして、手軽に作りおきしています。水1.8ℓに対して、削り節（花がつお）10g、だし昆布3gを加え、冷蔵庫におくだけ。ひと晩でよいだしが出ます。レシピによく「だし汁大さじ1」と出てきますが、大さじ1のためにだしをとるのは億劫ですよね。水だしがあれば少量でもパッと使えるし、茶碗蒸しなど冷たいだしを用意したいときにも便利です。それに私、水分補給でだし汁だけ飲むことも多いんです。二日酔いの朝にもいいんですよ（笑）。

水だし

材料〔作りやすい分量〕

削り節（花がつお）… 10g
だし昆布 … 3g
水 … 1.8ℓ

作り方

1 保存容器にすべての材料を合わせ、ふたをして冷蔵庫でひと晩おく。
＊冷蔵で2〜3日保存可能。

便利な調理道具には、どんどん頼る

最近、**柄の長い計量スプーンを見つけて「なんて便利なの！」**と驚きました。[01] 計量スプーンは、いちばんよく使う調理道具といっても過言ではありません。柄が長いだけで計量がしやすく、塩の壷の底までしっかり届きます。そして、鍋の中に調味料を加えたり、そのまま混ぜるときにも助かるんです。これまで鍋のふちに手が触れたり、油や汁がはねて「熱っ！」となっていたのが、この計量スプーンのおかげでやけどする心配がなくなり、ストレスがかなり減りました。柄が3～4cmのびただけなのにね。

それから、**私が愛用しているのが、シリコーン製の計量カップ**。[02] やわらかい素材でできているから、両サイドを押さえることで注ぎ口をせばめられるの。この計量カップにドレッシングの材料を入れて混ぜ、口をせばめてサラダにかけると、見た目にもきれいに仕上がって、ちょっとアガるんです！　かき玉汁の卵液も、このカップで溶いて鍋に注ぎ入れれば、細くきれいなかき玉に。こういうことで気持ちが上がるし、料理が楽しくなりますよね。ちなみにこの計量カップは電子レンジ加熱ができるから、卵1個分の炒り卵を作るときにも、くっつかずに使い勝手がいいんですよ。

01
無印良品の「柄の長い計量スプーン（大さじ・小さじ）」。深めの容器から調味料をすくうときにも便利です。½を計量しやすいよう、印がついているのもありがたい。粉や調味料を加えるときも、これならフライパンや鍋のふちに触れてやけどをする心配がありません。

まな板は、ヒバ材の正方形のものを使っています。抗菌作用が強いようで、全然かびないのがうれしい。ヒバは香りの強い木材というイメージがあるかもしれませんが、食材に香りがつくことなどもありません。木のまな板は、包丁の刃あたりがよく、切っていて気持ちもいいんです。うちの調理台はあまり広くないので、長方形よりも正方形が置きやすい。大さじの柄にしても、まな板の素材や形にしても、「料理する上でちょっとしたストレス」を軽減してくれるものを見つけることって、大事ですね。

おいしさを追求するなら、買って損はないものもいろいろ。私がおすすめするなら、まずブレンダーでしょうか。ミキサーだと全体的に均一な状態になってしまいますが、ブレンダーはなめらかさの加減を調整できるよさがあります。グリーンピースやかぼちゃ、じゃがいもなどのポタージュを作るとき、食感を残したいことも多くて。同じスープのレシピでも、そのときどきの気分によって食感を残すのか、スーッと飲めるようなめらかにするのか、両方を楽しめるのって、いいものです。

食感の違いというと、キャロットラペを作るときに「しりしり器」を使うこともあります。手で細く切るのとは違って、切った断面がザラッとするので味がからみやすく、また違った食感のおいしさが生まれますね。こ

02
シリコーン製の計量カップ。やわらかい素材なので両側を押さえると口がせばまり、細いところにも注ぎやすくなります。耐熱性なので、電子レンジでも使用ＯＫ。

ちらもそのときの気分に応じて、作り分けています。
おいしいサラダを作るなら、サラダスピナーは欠かせません。最初にボウルの代わりに氷水をはっておき、刻んだ葉もの野菜（レタスなど）を入れて5～6分ほどおき、パリッとさせます。それから水を捨て、スピナーにかけて水けをきりましょう。水につけすぎるとおいしさも逃げてしまうので注意ですよ。スピナーは10秒ほどもまわせば水けがしっかりとんで、同時にほどよく野菜のえぐみも取れ、食感はシャキッとして、グンとおいしくなります。ちなみに、私はレタスをひと玉買ったら、半分を生で楽しみ、半分は加熱して食べることが多いです。豚肉としゃぶしゃぶにしたり、さっとゆがいて水けをきり、オイスターソースと油であえたりするのがお気に入り。ひとり暮らしでは、ひと玉を生で食べようと思うと、使いきりも大変ですからね。

そうそう、この間、誕生日に「電動みじん切り器」をいただいたんです。「○○専用」といった用途の限られる道具は、これまであまり使ったことがなかった私。いただいたものの、最初は「使うかなぁ？」なんて半信半疑だったのですが、試しに玉ねぎをみじん切りにしてみて、あっという間にでき上がるのに本当に驚きました。手切りと違って、刻んだ野菜の水分が出やすくなるという一面もありますが、80ページでご紹介したボロネーゼなどは、ソフリットの野菜の水分が出てもまったく問題がないので、今はとても重宝しています。ハンバーグに使う玉ねぎは水分が出ては困りますが、こういう道具も使いようですね。新しい発見でした。

好きな調理道具店もいろいろとあるのですが、有次《ありつぐ》は京都を旅したら必ず訪ねるお店。包丁の専門店ですが、調理道具も「あら、使いやすそう！」と思えるものがいろいろありますよ。特に穴あきのおたまが気に入っています。野菜をゆでて引きあげるときにも使いやすいですし、かき揚げを作るときには欠かせません。ボウルの中で形をまとめるとき、ほどよく衣が落ちてくれるんです。揚げかすを除く網じゃくしも、目が細かくて重宝しています。

探しているけれど、なかなか見つからない道具もあるんですよ。それはペティナイフ。私は手がちょっと大きいので、一般的なものだとにぎりにくいの。あちこちで試していますが、なかなかしっくりきません。包丁やナイフは、実際に持った感じがとても大切ですね。早く、いいものに出合えますように。

ささみフライ

〔→p.96〕

冬の主役はあつあつのグラタン

牡蠣とほうれん草のグラタン
〔→p.98〕

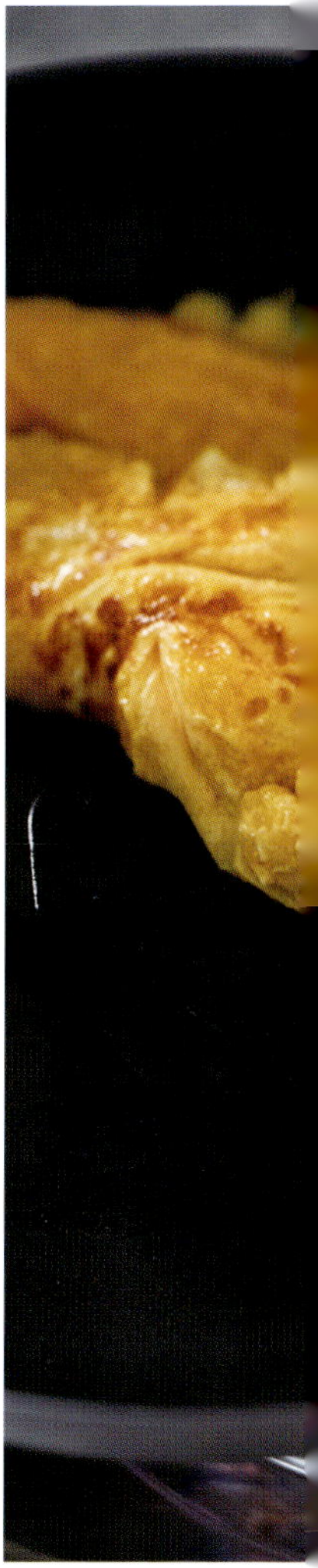

私を育ててくれた味。
母と伯母が授けてくれた味の記憶

納豆入り玉子焼き

〔→*p.121*〕

私を育ててくれた味。母と伯母が授けてくれた味の記憶

小さいころ、母が毎日のようにプリンを蒸してくれたことを思い出します。というのもね、私と妹があまり牛乳と卵が好きじゃなかったんです。母はお菓子作りが大好きな人だったから、お菓子で食べさせようとしていたんですね。カスタードクリームから手作りでクリームパンを作ってくれたり、マドレーヌやワッフルもよく焼いてくれたり。だから子どものころは私、ふくよかでした（笑）。お菓子の教本がぼろぼろになるまで読み込まれていたのも忘れられません。母が亡くなったときに私が譲り受けて、いまも手元にありますよ。

母の姉たち、つまり伯母たちがとても料理上手で、彼女たちからも料理を学ばせてもらいました。親戚が集まるときなど、大人数分の料理をそれはもう手早く、おいしく作るんです。いわゆる家庭料理なんですが、118ページでお見せした**「納豆入り玉子焼き」なんて、うちの懐かしい味。**01 トロッとして、ちょっと甘めで、少し焦げてるのがお決まりで。ざっくり作るから

01
砂糖が入っているので、甘めで少し焦げやすいんですが、そこがいいんです。納豆も、きれいに包まなくていいの。はみ出しているくらいが、うちの味だなと思うんです。

中の具が見えているんだけれど、そこがいいんです。花火などの行事では伯母が立派なお重を作ってくれて、中にははぜの甘露煮やしいたけの煮もの、玉子焼きなんかが詰まっていました。必ず入っていたのが紅白寒天。妹と奪うようにして食べました。

愛知県育ちですから、みそといえば八丁みそがお決まり。私はみそ汁用に、毎日すり鉢にみそとだしを入れて、すりこぎで合わせておく係だったんです。八丁みそってとてもかたくて、溶けにくいんですよ。料理は気がついたら手伝っていましたね。毎年、伯母の家で梅干し作りやらっきょう作りの手伝いもさせてもらいました。昔ながらの日本の家庭料理を経験できたことは、いま思えば貴重なこと。といっても、わが家特有の料理もいろいろあって……先ほどの納豆入り玉子焼きもそうですが、干ししいたけをもどしてフライにしたり（これはわが家ではえびフライと同じくらいポピュラーなメニューでした！）、ふきの煮ものを天ぷらにすることもあって、それがとってもおいしくて。先に、「東京に来て、ぬた（酢みそあえ）の色が白っぽいのに驚いた」と書きましたが、母が春になると作ってくれた、赤みそのぬたも思い出の味ですね。具は、青ねぎといかげそがお決まり。私の思うぬたは、やっぱり赤みその色なんです。

母と伯母が味の記憶を豊かに授けてくれたことが、いまの私の根っこになっています。

納豆入り玉子焼き

〔写真は*p.118～119*〕

材料〔5～6人分〕

卵 … 4個
納豆 … 80g
長ねぎ … 10cm
しょうゆ … 小さじ1
A 砂糖 … 大さじ½
　塩 … ひとつまみ
米油 … 大さじ½

作り方

1 長ねぎは粗みじんに切る。ボウルに入れ、納豆、しょうゆを加えて混ぜる。
2 別のボウルに卵を割りほぐし、Aを加えて混ぜる。
3 フライパンに米油を中火で熱し、*2*を流し入れて菜箸で大きく混ぜながら形を整え、弱めの中火にする。
4 *1*を*3*の真ん中に横長にのせ、卵が半熟状にかたまったら両端をたたみ、形を整えながら焼く。

大庭英子先生のこと

母と伯母のもとで自然と料理好きに育ちましたが、仕事にするとは思ってもいなかったのです。あるとき、知人を通じて「料理研究家の大庭英子先生がアシスタントを探しているんだけど」と誘われて。やってみたい、と即思いました。先生の料理本も以前から読んでいたのです。私が36歳のときでした。

先生は仕事に対する熱意がすごくて、現場での集中力や瞬発力といったものにいつも圧倒されました。その場で「もっとよりよくするには」と考えて、さらにいいアイデアをひねり出される。私はもう、買いものの仕方から学ばせていただきました。どんなテーマで、どんな料理に仕上げるのかによって野菜の選び方ひとつから変わってくると。たとえばれんこんだったら、企画のイメージや料理の内容によってその太さや穴の形などを買うときに考えなければいけない。漠然と選んではいいものはできないわけですね。

下ごしらえなどをていねいに、しっかりと教えていただいたことは、私の宝物です。洗いものから始めて、最終的に下準備までひと通りできるようになったときはうれしかった。そこまでに3年かかりました。先生は仕事に対しては厳しいけれど、とてもチャーミングな方。仕事が終わるといろいろなお話をしたり、食事にも連れていっていただきました。今でも、先生からおそうざいを分けていただくと小躍りします。だって本当においしいんですもの……。なすの揚げ煮は、大庭先生の十八番。私も先生のレシピで何十回も作っていて、大好きな料理です。

先生のそばに12年間おいていただけたことは本当に幸せでした。私の根っこには家の味があり、そして軸には先生の教えがあります。

料理索引

本書でご紹介しているレシピを、調理法別にまとめました。
レシピだけではなく、ぜひ本文もあわせて読んでみてください。

井原裕子（いはら・ゆうこ）

料理研究家、食生活アドバイザー。愛知県生まれ。アメリカとイギリスに計8年間在住、訪れた国は20か国以上という経験を持ち、世界の料理から日本の家庭料理まで幅広いジャンルを得意とする。料理動画メディア「DELISH KITCHEN」の副編集長を6年間務め、4万本以上の料理レシピを監修。NHK「きょうの料理」「あさイチ」などテレビをはじめ、書籍・雑誌でレシピを提案する。企業向けのメニュー・商品開発など、フードコンサルティングも行っている。

Instagram @iharayukoo

レシピに書けない
「おいしいのコツ」、全部お話しします

著　者　井原裕子

編集人　足立昭子

発行人　殿塚郁夫

発行所　株式会社主婦と生活社

〒104-8357　東京都中央区京橋3-5-7

tel：03-3563-5321（編集部）

tel：03-3563-5121（販売部）

tel：03-3563-5125（生産部）

https://www.shufu.co.jp

ryourinohon@mb.shufu.co.jp

製版所　東京カラーフォト・プロセス株式会社

印刷所　TOPPANクロレ株式会社

製本所　株式会社若林製本工場

ISBN978-4-391-16462-6

デザイン／高橋 良〔chorus〕
取材・文／白央篤司
撮影／豊田朋子
スタイリング／吉岡彰子
校閲／滄流社
編集／山村奈央子